DIE KLUGSCHEISSERIN

Zebothsen & Zebothsen

DIE KLUG-SCHEISSERIN

In Szene gesetzt von papan

INHALT

1	Wer ist der Herr im Haus – oder haben wir gar keinen?	9
2	Warum hängen Mütter bloß dauernd am Hörer?	12
3	Gehorchen Kinder immer im falschen Augenblick?	15
4	Geben Liebespaare beim Knutschen Töne von sich?	19
5	Soll man mehr miteinander teilen als das Schicksal?	22
6	Kann ein VIP auch ohne cooles Country-Life überleben?	26
7	Ob Floras Mutter irgendwie schwachsinnig ist?	30
8	Fallen Väter wirklich in Ohnmacht – einfach so?	33
9	Alle Menschen sind gleich. Aber wissen das auch alle?	37
10	Gibt es einen Unterschied zwischen blöde und beleidigt?	40
11	Sind Karrierefrauen etwas ganz, ganz Schlimmes?	44
12	Wer fährt besser Auto: Männer, Frauen oder Marie?	49
13	Wo steht geschrieben, dass man Tanten mögen muss?	53
14	Lassen sich Rotwein und Zahnpasta kreuzen?	57
15	Sind Yin und Yang ein gloßel Illtum?	62
16	Was tun Kinder, wenn sie keinen Kinderteller kriegen?	66
17	Darf man Sex gleich an die große Glocke hängen?	69
18	Wie kommt ein kommunikatives Kind mit all seinen Terminen klar?	72
19	Wieso muss immer alles wahr sein, was man so erzählt?	78
20	Gibt's auf See außer Fisch auch jede Menge Fun?	82
21	Hilft das kleine Jesulein gegen die biologische Uhr?	88
22	Wo bleibt die Diät, die nach Pommes schmeckt?	92
23	Was bringt Väter auf Trab statt auf die Palme?	96
24	Ihr könnt froh sein, dass ich so artig bin. Echt?	100
25	Wirst du mit Grübchen überall die Nummer eins?	104
26	Hat eine Rolle Klopapier 150 oder 200 Blatt?	109
27	Lust auf eine Get-together-Party?	112
28	Hilft dem kranken Kind Ruhe oder Tiramisu?	117
29	Plaudert Marie Mutter und Vater um Kopf und Kragen?	121

30	Darf man Nachbarn, die sich dicketun, etwas antun?	126	45	Golf: Helfen Handys oder reicht ein Handicap?	188
31	Ab wann ist der gute Ruf total im Eimer?	131	46	Hund, Hase, Gans, Meer- oder eher ein sonstiges Schwein?	192
32	Können vier Buchstaben andere in den Wahnsinn treiben?	134	47	Wie heißt die beste Girl-Group aller Zeiten?	196
33	Sind Romeo & Julia so hip wie Hänsel & Gretel?	138	48	Woher weiß Marie, wie das wahre Leben tickt?	201
34	Wie wird man Leute los, die Ernie und Valli heißen?	142	49	Was tut die Medizin bei zu viel Gequatsche?	204
35	Kann Killen durchaus kreativ sein?	148	50	Was ist schöner, als schweigend in Erinnerungen zu schwelgen?	211
36	Was trennt das Warum-Zeitalter vom Darum-Zeitalter?	152	51	Wenn dies, dann das – nichts als Katastrophen?	215
37	Hat unser Kavalier etwa auch eine Kehrseite?	155	52	Ob Ahnen ahnen, wie schwer man mit Nachkommen klarkommt?	218

- 38 Sind wir zu Hause von schwelenden Konflikten umzingelt? 161
- 39 Bringt die Bodo-Botschaft Klausi um den Verstand? 166
- 40 Ist „einer", „keiner" oder „niemals jemand" überhaupt zu toppen? 169
- 41 Soll man den Sternen die Stirn bieten? 173
- 42 Braucht der Mensch Kinder, damit er was zu reden hat? 177
- 43 Werden wir durchs Staubsaugen eine glückliche Familie? 180
- 44 Ob die beim Mütter- genesungswerk auch Väter aufnehmen? 184

DAS VORWORT
DAMIT SPÄTER NIEMAND BEHAUPTEN KANN, ER SEI NICHT GEWARNT WORDEN ...

Ob Sie Kinder haben oder nicht, ob Sie Kinder herzig finden oder fürchterlich, ob Sie selbst mal eines gewesen oder gleich erwachsen aufgewachsen sind – pupsegal, sagt Marie.
Marie? Nabel der Welt, Nagel zum Sarg, Nadel im Heuhaufen. Und Chefcoach aller Chaoten.
Alter? Acht Jahre. „Gar nich wahr, bin bald neun!" Okay, okay. Sie merken schon – Trotzköpfchen reloaded. Ein Kind, wie es im Buche steht. Und zwar in diesem: 52 unglaubliche Geschichten, die das Leben schreiben würde, wenn es schreiben könnte. Es kann's bloß nicht. Also sahen sich Zebothsen & Zebothsen gezwungen, diesen Job zu übernehmen.
Vorweg sei gesagt, damit es keine Missverständnisse gibt: Natürlich hat Marie ihre Eltern voll lieb. Aber noch viel lieber hat sie die voll im Griff.
Unter anderem wegen der Serviceleistungen.
„Eltern", sagt Marie, „müssen sich erstens um ihre Kinder kümmern, zweitens nur um ihre Kinder kümmern und drittens immer nur um ihre Kinder kümmern."
Wie lange?
„Bis sie alt sind", sagt Marie.
Die Eltern?
„Nee, die Kinder", sagt Marie.

DAS PERSONAL
DAMIT SPÄTER KEINER BEHAUPTEN KANN, ER HABE DEN ÜBERBLICK VERLOREN …

Marie ist zwar der Nabel der Welt, aber selbst so ein Nabel braucht genügend Sympathisanten – das soziale Umfeld eben. Hier ein paar der Über-, Mit- und Nebenmenschen, die in diesem Buch mäßig bis regelmäßig eine Rolle spielen:

Mutter – auch „das Mutten", Mama, meine liebe Frau oder einfach Birgit genannt. Weiß, dass Marie durchtrieben ist. Glaubt, dass der Vater nicht weiß, dass Marie durchtrieben ist. Spricht (fast) ständig mit Stentorstimme, also in brüllender Lautstärke, weil Marie ja niemanden ausreden lässt. Wäre gern 20 Jahre jünger, um Marie gelegentlich gewachsen zu sein. Rafft sich drei Mal im Jahr zu Selbstbehauptungsversuchen auf. Ergebnis: kläglich.

Vater – auch Papi, „das Pappen", Papilein oder einfach „ich" genannt. Weiß, dass Marie durchtrieben ist. Glaubt, dass die Mutter nicht weiß, dass Marie durchtrieben ist. Lässt sich gern um den Finger wickeln. Schwört auf logische Argumentationsketten, selbst wenn Marie ihn dabei regelmäßig mit seinen eigenen Waffen schlägt. Geht davon aus, dass sein Kind später einmal reich, schön und berühmt wird. Zur Not, findet er, reicht auch reich.

Klausi, 9. Ist Marie verfallen, verfällt sichtlich, wenn es wieder eine Krise gibt – und die gibt es eigentlich dauernd. Hält es darum für völlig normal, dass Marie ihn „du Schnake" nennt. Wirkt überaus wohlerzogen, plaudert galant, und weil er wild auf Karrierefrauen ist, will er aus Marie unbedingt auch so eine machen. Marie denkt gar nicht dran. Ihr schwebt vielmehr ein Prinzessinnen-Dasein vor.

Flora, 8. Maries beste Freundin – oder feste Feindin, je nachdem. Flora ist zeitweise zickig und neigt zu maßloser Missgunst. Das Problem: Marie und Flora können weder mit- noch ohneeinander. Folglich fallen sie sich abwechselnd in die Arme oder in den Rücken.

Dieter-Thomas, 10. Cooler Typ. Hat einen Daddy, der Banker in London, und eine Mum, die immer in Eile ist. Bekommt unter vielem anderem Querflötenunterricht, pfeift aber drauf. Genießt es, dass Marie ihn anbetet und Klausi deswegen wie ein Hund leidet.

Drum herum ranken sich Nachbarn, Lehrer, Ferienbekanntschaften, Haustiere, Stars, nahe bis äußerst ferne Verwandte sowie Mütter und Väter anderer Kinder, die als letzte Rettung die Gründung einer „Notgemeinschaft fix und fertiger Eltern" (NFUFE) erwägen.

1 Wer ist der Herr im Haus, oder haben wir gar keinen?

Bevor Marie Marie wurde, hieß sie neun Monate lang Emil. Emil war sozusagen ihr Arbeitstitel. Bei anderen Leuten firmieren neue Projekte vielleicht unter „Unternehmen Wotan" oder „Agenda 08/15". Wir nannten unser Projekt von vornherein „Emil". Dass manche Jungs diese Bezeichnung als Vornamen tragen – purer Zufall. In Wahrheit ist Emil nämlich die Abkürzung für: „Ein Mädchen in Liebe."

Das haben Sie nicht gewusst, oder? Marie auch nicht.

Seit neulich schleicht sie nach der Schule wortlos ins Haus und verkrümelt sich auf direktem Weg in ihr Zimmer. Meine Frau krümelt ihr besorgt hinterher.

„He, war's heute doof im Unterricht?"

„Nee." Marie weint nicht. Marie lacht nicht. Marie mufft.
„Was ist passiert, Schätzchen?"
„Nix."
„Nichts kann eine ganze Menge sein", antwortet ihre Mama, philosophisches Basiswissen demonstrierend.
„Hättet ihr mir ruhig verraten können", motzt Marie dann plötzlich los, „dass ihr lieber 'nen Jungen gehabt hättet!"
Ein Dichter würde in einer solchen Situation notieren: Die Mutter sinkt entsetzt aufs Sofa. „Rede keinen Unsinn! Dein Papi und deine Mami haben sich immer nur ein kleines Mädchen gewünscht – ich schwör's!"
‚Gar nich wahr!" Marie reckt das Kinn vor wie ein Karpfen. „Ich bin genau informiert! Ich sollte ein Emil werden", faucht Marie angeekelt. „So 'n richtig blöder Emil!"
„Wer hat dir ..."
„Die dicke Nachbarin, die mal unter uns gewohnt hat. Hab sie grad vor der Schule getroffen. ‚Da is ja der Emil', ruft sie und winkt. Ich überleg: Wen meint die? ‚Dich mein ich', sagt sie da auch schon. Jawohl, so is das gewesen!"
Frau Mayerling, schießt es ihrer Mutter in den Kopf, die Spionin, die aus dem Keller kam.
Die ölige Stimme der Mayerling nachäffend fährt Marie fort: „Dann sagt sie: ‚Deine Eltern haben damals so oft von Emil gesprochen – und was biste geworden: bloß ein Mädchen.' Find ich gemein, dass ihr mich nich von vornherein als Marie gewollt habt!"
Ihre Mama will zu einer Grundsatzerklärung ansetzen, aber Marie lässt sich nicht unterbrechen. „Mädchen sind echt toller als Jungs. Und Mädchen machen auch nich so viel kaputt. Die Mutter von Klausi wär manchmal ziemlich froh, wenn Klausi ein ..."
„Marie, das ist alles ganz anders!"
„Gar nich anders. Hat Klausis Mutter mir selber verraten."
„Marie! Ich mein doch das mit Emil und dir!" Ihre Stimme sprüht nun vor Bestimmtheit, was sie aus dem Stegreif ein

paar Dezibel lauter werden lässt. Bei Bestimmtheit in Muttis Stimme hält Marie meistens einige Atemzüge lang inne. Diesmal nicht.
„Mädchen sind außerdem klüger. Und viel, viel besser zu gebrauchen, so im Alltag und wenn sie groß werden." Angriffslustig schaut sie ihre Mama an. „Das musst du doch eigentlich wissen, bist doch auch 'n Mädchen." Dann der finale Schuss: „Oder wollten deine Eltern auch lieber so 'n Emil haben?"
Peng. Das hat gesessen. Im Kino setzen nun normalerweise die Geigen ein. Oder Chöre. Bei Mama sind es die Tränen. Geige spielen oder im Chor singen kann sie nicht.
„Mariechen", haucht Mami.
„Mami", haucht Mariechen.
Dann heulen beide ein bisschen vor sich hin.

Ich bin an diesem Tag spät dran. Hungrig bin ich ebenfalls, doch das interessiert zu Hause leider niemanden. Meine liebe Frau Birgit lümmelt mit Marie auf dem Sofa – eng umschlungen. Ein Bild innigster Weltentrücktheit. Äußerst seltsam.
„Hallo Mädels", grüße ich. Erstmal die Lage checken. Man weiß ja nie.
„Haste gehört?" Meine Frau blinzelt Marie bedeutsam zu.
„‚Mädels' hat er gesagt. Nicht etwa ‚Emils'. Noch Fragen?"
„Nee." Marie schüttelt selig den Kopf.
„Doch." Dabei schiele ich sehnsüchtig zur Küche. „Wer macht mir endlich was zu essen?"
„Du", antworten die beiden wie aus einem Mund.

2 Warum hängen Mütter bloß dauernd am Hörer?

Marie hasst Telefonieren. Nicht jedoch, wenn sie selbst am Hörer ist. Sie hasst es nur, wenn ihre Mutter telefoniert – und das von Herzen. Als Baby brüllte sie jedes Ferngespräch in Grund und Boden. Als Kleinkind zerrte sie wortlos das Kabel aus der Wand. Inzwischen, mit acht Jahren, sabotiert sie subtiler.
„Mami, komm mal."
„Marie, ich telefoniere."
„Gut, dann komm ich zu dir."
„Nein, Marie, jetzt nicht. Ich telefoniere."
„Schick doch 'ne SMS."
„Neihein!"
„Nur ganz kurz."
„Marie!!"
„Schon gut."
Birgit sagt zu ihrer neuen Freundin am anderen Ende der Leitung: „Red schneller, wir haben noch genau zehn Sekunden."

Nach neun Sekunden erklingt ein gellender Aufschrei aus dem Kinderzimmer.

„Jetzt hat sie sich den Fuß an der Tür gestoßen", seufzt sie in den Telefonhörer.

Mit schmerzverzerrtem Gesicht taumelt Marie herein, lässt sich schwer aufs Sofa sinken und gibt wahre Laute des Leidens von sich. Doch ihre Mutter ignoriert sie und plaudert einfach weiter.

„Manno, hab mich riesig verletzt", faucht Marie beleidigt.

„Willste gar nich wissen, was passiert is?"

„Ich weiß, was gleich passiert", bekommt sie als Antwort zu hören. „Gleich krieg ich 'nen Fön!"

„Na schön." Es folgt ein erstaunlich aufrechter Abgang.

„Nach der derzeit gültigen Dramaturgie wäre als Nächstes die Ich-fühl-mich-von-dir-so-vernachlässigt-Masche dran", flüstert Birgit in den Hörer. „Eventuell klingelt es auch erst an der Haustür, unser Kind ist da durchaus flexibel."

Doch nichts dergleichen geschieht. Es herrscht einfach nur Ruhe. „Merkwürdig", raunt sie mehr sich selbst als ihrer neuen Freundin zu, „normalerweise macht Marie bei diesem Stand der Dinge niemals Schluss. Im Gegenteil. Irgendwas stimmt nicht." Plötzlich hat sie überhaupt keine Lust mehr zum Telefonieren.

„Na und? Bin ja froh, dass wir endlich ein paar Takte ungestört reden können", trumpft ihre Freundin auf. „Wobei ich dir eines sagen muss: Wenn ich Kinder hätte, denen würde ich was erzählen!"

„Ach ja, was denn?", fragt die nun schon etwas besorgte Mutter wenig interessiert.

„Nun, ich würde meine Tochter sehr energisch darauf hinweisen, dass Telefonieren ein Stück Intimsphäre ist, die man respektieren muss, verstehst du?"

„Ich schon", antwortet sie gedehnt, „aber deine Kinder würden dich fragen, was du mit ‚Intimsphäre' meinst – und zwar genau dann, wenn du das nächste Mal telefonierst."

Die Ruhe nebenan ist mittlerweile keine Ruhe mehr, sondern latente Lautlosigkeit. Birgit hält es nun wirklich keinen Augenblick länger aus. Ihre Abschiedsworte zur neuen Freundin lauten: „Ich ruf dich wieder an, sobald du eigene Kinder hast."
Und dann: zehn Schritte durch das Meer der Stille.
„Marie?"
Nichts.
„Marie, wo bist du?"
Nichts.
„Marie, was machst du?"
Noch immer nichts.
„Mariechen, warum sagst du kein Wort?"
Die gesuchte Person hockt im Schlafzimmer auf den Ehebetten und schaut demutsvoll.
„Kind, wie … diese Überraschung … ich finde es fabelhaft, weil …" Sie nimmt Marie überwältigt in die Arme. Dass der Hörer des Zweitapparats vom Nachttisch herunterbaumelt, fällt fast kein bisschen auf.
„Ich soll dich doch beim Telefonieren nich dauernd stören", sagt Marie mit bescheidenem Augenaufschlag, „also halt ich mich dran. Gut so?"
Ihre Mutter schnieft vor Rührung. Zurück im Wohnraum ruft sie als Erstes ihre Freundin zurück.
„Nein, ich hab noch keine eigenen Kinder", gesteht diese ehrlich.
„Egal. Du wirst es nämlich kaum für möglich halten: Marie hat es verstanden! Der Bann ist gebrochen! Die Jahre des Telefonterrors sind endlich vorbei!"
„Mami", fragt Marie in diesem Moment dazwischen, „was sind Intiemspferde?"

3 Gehorchen Kinder immer im falschen Augenblick?

Wenn Marie etwas tun soll, was sie definitiv nicht tun will – das meiste also –, dann sagte sie bisher immer: „Warte mal kurz, ich komm gleich wieder." Natürlich konnte man dann warten, bis man grün wurde, doch immerhin ließ diese Antwort ein gewisses Entgegenkommen erkennen, oder? Neuerdings sagt Marie etwas anderes, nämlich: „Ich bin ich, und du kannst nich über mein Leben bestimmen." Das abschließende: „Und damit basta!", fügt sie zwar nur in besonders dramatischen Fällen hinzu, aber weil sie ein Faible für dramatische Szenen hat, purzelt auch dieser endgültige Satz pausenlos durch die Räume. Meine Frau gibt dem Ozonloch daran die Schuld.
„Wir haben uns früher nicht getraut, so mit unseren Eltern zu reden", meint sie verständnislos. „Meine Mutter wäre ja ins

Kloster gegangen, wenn sie so etwas von uns gehört hätte."
„Und dein Vater?"
„In die Luft. Fürs Kloster war der viel zu renitent."
„Dann hat Marie das ja vielleicht von ihm", gebe ich fast harmlos zurück – und bereue es im selben Moment. Denn mit dieser Wendung unseres Dialogs ist meine Gattin keineswegs einverstanden: „Was fällt dir ein?"
Mir fällt ein, dass ich müde bin. Aber das nützt auch nichts. Im Bett, kurz vor dem Einschlafen, greift meine Frau das Thema erneut auf: „Wir müssen den Tatsachen ungeschminkt ins Auge sehen."
„Was, um diese Zeit?"
„Wir haben versagt."
„Genau – wobei?"
„Alle Kinder in Maries Alter gehorchen aufs Wort. Keines käme auch nur auf die Idee zu sagen: ‚Du kannst nicht über mein Leben bestimmen.' Stimmt's?"
„Ist aber erstaunlich gut formuliert."
„Na, hör mal."
„Doch, doch. Und dann dieses ‚Ich bin ich' – das hat Power! Andere Leute brauchen Ghostwriter für so was!"
„Mein Kind soll gefälligst: ‚Jawohl, Mami, mach ich sofort', sagen", mault Mami in die Kissen. „Wenigstens jeden zweiten Tag ein Mal."
Ein bestechender Gedanke. Trotzdem wage ich einige wenige Widerworte: „Stell dir vor, das würde sie wirklich sagen – du würdest deines Lebens nicht mehr froh."
„Ha! Ich würde frohlocken!"
„Nein, du würdest argwöhnen, dass dein Kind einer Gehirnwäsche unterzogen wurde! Denn freiwillig brächte Marie: ‚Jawohl, Mami, mach ich sofort', wohl kaum über die Lippen."
Wir starren beide deprimiert in Richtung Zimmerdecke.
„Und wenn wir sie auf Knien darum bitten?", flüstert meine Frau nach einer längeren Denkpause.
„In unserem Alter? Wir kämen nie wieder hoch."

Sie sinkt entmutigt zurück in die Horizontale. „Tja, so isses wohl. Wir sind matte, morsche, müde Mumien ohne Mumm. Ausgelaugt. Konfliktscheu. Ein Mädchen wie Marie braucht Eltern in der Blüte ihrer Jahre! Keine Schlaffis, die bei jeder kleinen Aufregung heimlich ihren Puls fühlen. Armes, armes kleines Ding."

„Wir werden uns am Riemen reißen", sage ich tapfer und hundemüde. Dann sage ich alter Mann nichts mehr, denn ich bin eingeschlafen.

Am darauffolgenden Tag suchen wir in dem pädagogischen Standardwerk *„Frühkindliche Aufsässigkeit und der elterliche Umgang mit derselben"*, 23. Auflage, reich bebildert, nach hilfreichen Tipps von den Experten. Das Buch staubt schon länger bei uns im Regal ein – es war ein Wink-mit-dem-Zaunpfahl-Geschenk meiner Schwiegermutter. Jetzt stürzen wir uns in Windeseile über die Zeilen. Unter vier Augen. Um Zeit zu sparen.

„Manches in dem Werk erklärt sich mir nur sehr bedingt", gestehe ich hinterher kleinlaut.

„Manches? Das meiste", bekennt meine liebe Frau durchaus hitzig.

Gemeinsame Dummheit kann so beglückend sein.

„Vielleicht sollten wir", überlege ich laut, um von meinem Kreatief abzulenken, „einfach einen Leserbrief an dieses Familienmagazin schicken, du weißt schon. Wir schildern den Fall in allen Einzelheiten und bitten den wissenschaftlichen Beirat des Blattes um Stellungnahme."

„Der Vorsitzende des wissenschaftlichen Beirats heißt Professor Dr. Emanuel von Dinges-Deutschmann", gibt meine Gattin zu bedenken. „Bei dem könnten wir abermals schiffbruchartige Verständnisschwierigkeiten erleiden."

„Also gut", sage ich, zum Äußersten bereit. „Wenn das so ist, bleibt uns keine andere Wahl als die totale Offensive!"

„Nämlich?"

„Wir werden mit Marie reden! Von Mensch zu Mensch!"

Ein ziemlich verwegener Gedanke. Aber wo ist die Alternative?

Wir diskutieren unsere Strategie in aller Ausführlichkeit, spielen jeden nur denkbaren Wortwechsel akribisch durch, selbst der Einsatz von Tränenflüssigkeit bleibt in unserem Szenario nicht ausgespart. Dann naht die Stunde der Entscheidung.

„Marie", ruft ihre Mutter mit brüchiger Stimme.
„Ja, Mami?"
„Kannst du bitte mal eben kommen?"
„Ja, Mami."
Marie kommt herbeigelaufen.
„Wir wollen dich um etwas bitten."
„Ja, Mami?"
„Würdest du wohl dein Zimmer aufräumen?"
„Ja, Mami, mach ich sofort."
Nun mal ehrlich: Ist das nicht eine bodenlose Gemeinheit?

4 Geben Liebespaare beim Knutschen Töne von sich?

Einige Filme im Fernsehen, findet Marie, sind durchaus sehenswert. Zum Beispiel die alten Schinken, weil da das Outfit der Damen megaprächtig ist. Spitzen und Rüschen, der ganze Glimmer-Glamour eben. Außerdem können die Damen in diesen Filmen himmlisch schmachten und schmusen.
„Wenn ich größer bin, werd ich auch so 'ne Darstellerin, 'ne richtig berühmte", sagt Marie. Aus ihrem Zimmer donnern gefühlte 95 Dezibel.
„Guckst du gerade Sesamstraße?", frage ich überflüssigerweise.
„Nee, *Die Straße der Sehnsucht*. Voll kuuuhl."
Prompt verschluckt sich meine Frau an ihrem Kaffee.
Weil ich denke, dass ich irgendetwas antworten muss, sage ich: „Warum ist die *Die Straße der Sehnsucht* denn so abenteuerlich laut?"

„Wegen der Küsserei."
Alles klar.
„Man muss doch hören können, ob die beim Knutschen Töne machen."
„Töne beim Knutschen?", frage ich, während ich Birgit auf den Rücken klopfe, weil sie sich schon wieder verschluckt hat.
„Machen deine Eltern etwa Töne beim Knutschen?"
„Nö, aber ihr küsst euch ja auch nich so doll wie die im Film."
Ich hab's geahnt.
„Alles andere habe ich schon untersucht", fügt Marie kühl hinzu. „Wie man den Kopf schief hält, wann man die Augen schließt und so. Kann ich jetzt alles aus dem Effeff. Soll ich's dir zeigen?"
Wie? Was?
Marie hat eine sehr zupackende Art. In Sekundenschnelle hockt sie auf mir, nimmt mich in den Schwitzkasten und wuchtet meinen Kopf zur Seite. Das Kind sollte Krankengymnastin werden anstatt Darstellerin!
„Los, dreh das Gesicht noch mehr nach hinten, ich komm von vorne nich ran."
Meine Frau scheint sich erneut zu verschlucken, doch das kriege ich nur am Rande mit, da ich händeringend versuche, mich gegen die Verrenkungen zu wehren. Leider erfolglos – und schon drückt mir Marie ihre beiden Zahnreihen auf den Mund. Kurz bevor mir die Luft wegbleibt, bricht sie die Demonstration abrupt ab.
„Nee, Papi, irgendwie is das doof. Da fehlt was. Wart kurz, ich geh rüber in mein Zimmer und schau noch mal 'n Stück Sehnsucht." Sinnierend verlässt die Darstellerin den Ort des Geschehens.
Ihre Mutter hat das Verschlucken mittlerweile beendet und lacht sich scheckig.
„Hältst du das für normal?", frage ich sie väterlich verwirrt.
„Ich meine, dürfen Mädchen mit acht Jahren sich schon so fürs Küssen interessieren? Ist das nicht ein wenig zu früh?"

„Das ist doch ganz normal, Schatz. Das ist zielgerichtetes Lernen. Schließlich will sie Darstellerin werden. Als Profi muss man beinhart trainieren. Denk nur an diese Tennisspielerin, diese Dings, die hat schon mit vier Jahren angefangen."
„Mit dem Küssen?"
Marie erscheint erneut und läuft auf mich zu. Wortlos und siegessicher legt sie meine Arme um ihren Hals, lässt den Kopf nach hinten sinken und stülpt die Lippen wie ein Kussfisch.
„Los", zischt sie, „und kauen musste auch dabei."
„Kauen?" Nun bin ich komplett ratlos. „Wieso denn kauen?"
„Herrje, das machen die im Film immer, wenn sie knutschen!"
„Das ist die Leidenschaft", assistiert meine Frau, „Action."
Mir ist die Sache einfach zu anstrengend.
„Marie", flehe ich, „Bitte! Prob das mit wem auch immer – Klausi zum Beispiel."
„Niemals."
„Ich denke, Klausi ist dein bester Freund?"
„Klausi kann nich küssen."
Ich frage mich spontan, woher sie das wissen will. Aber bevor ich sie danach fragen kann, fügt sie kichernd hinzu: „Er küsst viel zu nass."
Mein Gott, Abgründe tun sich auf!
„Das tun die Jungs doch alle", bestätigt meine Gattin. „Die haben keine Ahnung, stimmt's, Marie?" Marie nickt ernst. Dann fällt ihr ein, dass sie dringend etwas trinken muss, und ich bin endlich raus aus der Nummer.
Teil II von dem alten Schinken guckt sich Marie eine Woche später wider Erwarten zusammen mit Klausi an. Angeblich zieht Klausi jetzt auch eine Darstellerkarriere in Erwägung.
„Als Cowboy", sagt Marie, „denn wenn er bloß Pferde küsst, schadet das ja nix."

5 Soll man mehr miteinander teilen als das Schicksal?

Also schön, sprechen wir ein wenig über Klausi. Klausi ist Maries Junger ego (Alter ego geht ja mit neun Jahren schlecht). In der Schule sitzt er neben ihr, ansonsten sitzt er ihr zu Füßen – eine stabile Beziehung. Diese Woche beehrte uns Klausi nur drei Mal mit seiner Anwesenheit. Sein vierter Besuch muss überraschend ausfallen.
„Wir haben daheim innerlichen Stress, darum bin ich im Moment leider unabkömmlich", erklärt mir Klausi am Handy. „Würden Sie mich bitte bei Marie entschuldigen? Und Gruß an Ihre Gattin." Ja, so redet Klausi.
„Stress? Wieso Stress?" Die Absage passt Marie überhaupt nicht in den Kram. „Der wollt doch seinen Läpptopp mitbring'n, verflixt noch mal."

„Der Laptop läuft dir nicht weg. Klausis Familie geht vor", versuche ich sie zu beruhigen.
„In Klausis Familie ist immer Stress", murrt Marie. „Muss echt was Wildes sein. Ich ruf da jetzt an. Handy bitte."
Klausi meldet sich schon nach dem zweiten Klingelton. „Hier bei …"
„Klausi, du Mampfratte", schimpft Marie in den Apparat, „kannste mir mal erklärn, was das heißen soll: Stress?"
„Stress ist, wenn man …"
„Das weiß ich selber", bellt Marie weiter, „aber wieso kommste nich gefälligst her?"
„Ich kann unmöglich." Klausi schluckt hilflos. „Ich muss meiner großen Schwester gut zureden. Mama glaubt, sie hat ihre Krise."
„Kriiiese?" Marie verdreht die Augen. „Spinnt die?"
„Nein", antwortet Klausi verlegen, „Mama sagt, sie kann die Trennung von ihrem Verlobten nicht verwinden."
„Verlobten?" Marie schüttelt sich. „Wer is 'n das?"
„Der, mit dem sie …"
„Mit dem sie was?"
„Eben nicht mehr. Das ist ja die Krise."
„Na und?" Marie weiß natürlich sofort Rat. „Musst ihr halt einfach erklären, dass es Verlobte gibt wie Sand am Meer."
„Das habe ich ja bereits."
„Und?"
„Sie will nicht irgendeinen vom Meer, sie will diesen."
Marie brütet kurz vor sich hin. „Vielleicht war deine Schwester zickig zu dem? Gezicke mögen Verlobte garantiert nich."
„Das war sie bestimmt", sagt Klausi düster. „Das ist sie ja auch dauernd zu mir."
Schweigen und schweres Atmen an beiden Hörern.
„Kopf hoch, hast ja mich", tröstet Marie voll ungewohnter Anteilnahme, „und 'ne Krise krieg ich nie."
Klausi seufzt tragisch. „Wirklich schade, dass du nicht meine Schwester bist", traut er sich schließlich. „Das wäre wahrlich

ganz große Klasse."
„Ehrlich?" Marie reckt sich geschmeichelt.
„Ja, und wir würden alles miteinander teilen!" Klausi klingt plötzlich geradezu euphorisch.
„Alles miteinander teilen? Moment mal!" Augenblicklich geht Marie auf Distanz.
„Ja, das tun Geschwister so. Ich glaube, wegen der Zusammengehörigkeit."
„Du teilst mit deiner Schwester überhaupt nix", belehrt sie ihn barsch. „Oder gehört ihr etwa dein halbes Skateboard?"
„Nein, nein", wehrt sich Klausi verzweifelt, „dafür ist sie doch viel zu alt. Mein Vater meint, die einzigen Dinge, die ich mit meiner Schwester teile, sind der Computer und das Schicksal."
„Na gut, das Schicksal würd ich auch mit dir teiln", lenkt Marie ein. „Sonst aber nix."
Die nächsten zehn endlosen Sekunden verstreichen in gegenseitiger Wortlosigkeit.
„Behalt mal deine Schwester", schlägt Marie dann vor. „'Ne große is' eigentlich besser als 'ne kleine. Die Kleinen machen noch so viel Dreck."
„Auch wahr."
„Und besser als 'n Bruder is die auf jeden Fall."
„Auf jeden Fall."
Wieder fünf lange Sekunden kein Ton.
„Mit einem Bruder hätte man aber keinen Stress wegen so einem Verlobten", wagt Klausi überraschend einzuwerfen. Daraufhin scheint Marie fast am Ende mit ihrem Latein. Aber auch nur fast. Gerade, als Klausi das Handtuch werfen will, fällt ihr die optimale Lösung des Problems ein: „Am besten, du Schnake, man bleibt Einzelkind!"
„Meinst du?"
„Bestimmt!"
Leider hat Klausi nach weiteren fünf Sekunden bereits den Haken an der Sache entdeckt.

„Mariechen?"
„Was'n?"
„Wenn meine Schwester ein Einzelkind wäre, wo wäre ich dann?"
„Du?"
„Ja, in dem Fall gäbe es mich gar nicht, Marie!"
„Schade."
„Finde ich auch."
Gedenkminute. Im Hintergrund beschwert sich Klausis Schwester wütend über irgendetwas.
„Du, ich muss aufhören", japst Klausi, „meine Schwester will sofort ihren Verlobten anrufen und ihm die Meinung sagen. Werte Grüße an deine Eltern." Auch in stressigen Situationen hält sich Klausi bedingungslos an seine Umgangsformen.
Marie bleibt mit dem Handy in der Hand gelassen sitzen.
Zehn Minuten später: melodiöse Klingeltöne. Ohne Klausis Begrüßung abzuwarten, flötet sie los: „Der Verlobte will sie wiederhaben, wetten?"
„Jojojo", jubelt Klausi.
„Mann, bin ich froh! Aber jetzt kommste her. Mit 'm Läpptopp. Und basta."
„Du, Marie?" Klausi wirkt ein wenig betreten.
Marie bequemt sich lediglich zu einem unwirschen Grunzen.
„Lässt du mich trotzdem weiter deine Videos gucken? Wo du doch nicht teilen magst?"
„Vergiss es."
„Ehrlich?"
„Mit 'nem Freund kann man alles teilen, Klausi. Bloß nich mit Geschwistern, klar?"
„Du bist toll!"
„Weiß ich", sagt Marie, „deshalb darfste später auch mal mein Verlobter werden – wenn du willst."
Klausi ist sprachlos vor Glück. „Und wehe, du willst nich!"
Wie gesagt, eine stabile Beziehung.

6 Kann ein VIP auch ohne cooles Country-Life überleben?

Seit Marie in den Hochglanzmagazinen Berichte darüber entdeckt hat, dass Adelige und Stars neuerdings rudelweise aufs Land ziehen, überlegt sie regelrecht fieberhaft, was die da wohl machen.
Kühe melken? Hm.
Trecker fahren? Hmm.
Ausreiten? Hmmm.
„Das is bestimmt auch was für uns, Mama", sagt Marie nach dem Studieren der neuesten Promi-News. „Stell dir mal vor: frische Luft, frische Milch, frische Fische."
„Frische Fische? Auf dem Land? Wo sollen die denn herkommen?"
„Aus'm eignen See türlich."
Meine liebe Frau denkt an ihren lieben Mann und stellt ihn sich mit Angel, Regenwurm am Haken, Campingstuhl und stierem Blick aufs Wasser vor. Das Blut gefriert ihr in den

Adern. „Du", hebt sie behutsam an, „es wäre ein Irrtum zu glauben, dass jeder Bauernhof …"
„Ich red nich von 'nem Bauernhof, Mama."
„Sondern?"
„Türlich von 'nem Gut!"
„Aber …"
„Wobei ich türlich kein normales Gut mein."
„Sondern?"
„Ein Sehr-Gut."
„Ein was?"
„Ein SEHR-GUT. Das Beste vom Besten türlich."
„Na, da bin ich ja beruhigt", schluckt Birgit. „Ich hab doch tatsächlich gedacht …"
Da Marie andere Menschen ungern ausreden lässt, fährt sie auch jetzt ohne Punkt und Komma fort: „Man befindet sich auf 'm Sehr-Gut türlich in sehr guter Gesellschaft."
Marie tippt demonstrativ auf eines der Hochglanzmagazine vor sich und blickt ihre Mutter hochmütig an. „Nebenan hat Baron von Gummersbach sein Unwesen …"
„… Anwesen!" Einmal im Monat schafft es die ehrgeizige Mutter, den Redefluss ihrer Tochter zu durchbrechen – dies ist der Augenblick. Doch unser Kind tut, als habe dieser Augenblick nicht stattgefunden.
„… Zehn Meilen weiter empfängt Industrie-Magnet Edelhuber seinen Betriebsrat …"
„… Magnat!" Die gute Mutter übertrifft sich heute um 100 Prozent. „Und den empfängt er nicht, sondern lässt ihn antanzen!"
„…, während Kinostar Zetlovsky alle wichtigen Nachbarn – türlich auch uns – zur Privatvorführung seiner Filme einlädt. Hinterher is Party im kuuuhlen Kuhstall. Super Angelegenheit. Kannste dir das vorstelln, Mami?"
„TÜRLICH", schnappt sich Mami mal kurz Maries gegenwärtige Standardfloskel. „Aber ob dein Herr Vater das auch kann? Ich weiß nicht."

„Och, der." Marie winkt gelassen ab. „Wirst sehen, wir fahrn gleich am Wochenende aufs Land. Wetten?"
Meine Gattin lehnt es schon seit Jahren ab, mit Marie zu wetten. Die Verluste sind einfach zu groß.
Mir wird – ausgerechnet während der Tagesschau – erzählt, dass der Fürst von-und-zu-na-du-weißt-schon-wer am Samstag ein Kinderfest für die besseren Kreise veranstaltet. „Vor seinem Herrenhaus! Mit Tombola, Gourmet-Büfett und Karussell! Da müssen wir hin!" Besondere Vorhaben verkündet Marie übrigens immer während der Tagesschau. Weil ich dann nicht so genau zuhöre. Der Satz: „Ihr werdet sicher Freunde, wie's unter wichtigen Leuten so üblich is!", soll ebenfalls gefallen sein. Ob das bei der Meldung über die geplante Erhöhung der Auskommensteuer war? Wie dem auch sei. Als wir am nächsten Tag in Richtung Land aufbrechen, bin ich jedenfalls arg- bis ahnungslos. Und meine Gattin hüllt sich in ungewohntes Schweigen.
Der Andrang ist groß, der Fürst sitzt an der Kasse des Kinderkarussells. „Hat der keine Knechte, die für ihn arbeiten?", fragt Marie verwirrt.
„Knechte heißen heutzutage landwirtschaftliche Fachkräfte", antworte ich. „Vielleicht sind denen die Kräfte ausgegangen?"
Das Herrenhaus hat eine Freitreppe, die jedoch nicht frei, sondern gesperrt ist. „Wegen Einsturzgefahr", verrät uns der Dorfpolizist, der den Verkehr ringsherum regelt. Marie hat mit Unmengen Rolls-Royce gerechnet, doch dummerweise sieht man fast nur Touristenbusse. „Wo steht das Gourmet-Büfett?" Marie vermutet, dass sich zumindest dort die Prominenten tummeln und gönnerhaft Autogramme geben.
„Stimmt, für eine warme Mahlzeit tun solche Leute alles", nuschelt meine Frau.
„Mutti! Das gilt höchstens für die C-Prominenz", weist Marie ihre Mutter in die sozialen Schranken. „C kommt hier aber gar nich erst rein!" Herrschaftswissen aus den Hochglanzblättern.

Leider ist das Gourmet-Büfett in Sachen Opulenz einer grandiosen Auszehrung zum Opfer gefallen. „Wahrscheinlich will uns der Fürst damit demonstrieren, wie arm die Landbevölkerung früher war." Ich glaube ja nach wie vor an das Gute im Menschen.
„Ich schätze", verteidigt Marie den trostlosen Anblick, „dass dies das Gesindehaus is."
„Du hast das ‚l' vergessen", korrigiert sie ihre Mutter.
Da muss selbst ich lange überlegen.
„Gesindelhaus?"
„Bingo."
Da der Fürst nach wie vor an der Kasse vom Kinderkarussell klebt, wendet sich Marie an den Dorfpolizisten. Sie will von ihm wissen, ob die vielen VIPs vielleicht längst zur Treibjagd ausgeritten sind.
„Welche Wipps?", fragt der Beamte.
„Die A-Klasse", hilft Marie ihm auf die Sprünge.
„Unsere Schule befindet sich im Nachbardorf, kleines Fräulein."
Könnte es sein, dass der Polizist den Trend verpennt? Dass ihm die endlosen Promi-Kolonnen entgehen, die sich seit Wochen über Wald und Wiesen ergießen – Country-Life als Kult unter keinesgleichen?
Marie hat noch einen letzten Hauch von Hoffnung. „Die Tombola", stößt sie hervor. „Da werden sie allesamt sein. Stars als Losverkäufer! So, wie sich das gehört. Ab in die Remise..."
Wo auch immer sie das Wort „Remise" herhat – in der Remise parkt nur eine mit Spinnenfäden verhangene Melkmaschine aus den frühen 1970er-Jahren. Ansonsten tote Hose.
Schweigend ergreift Marie unsere Hände. Das Wort ergreift sie dabei nicht. Einträchtig wandern wir zurück zu unserem Auto. Beim Einsteigen platzt Marie dann doch der Kragen: „Dies ist kein Gut, dies ist ein Schlecht! Könnt ihr mich verstehn?"
Türlich.

7 Ob Floras Mutter irgendwie schwachsinnig ist?

Es gibt Tage, da hat unser Kind es mit den Ohren. Eine wahrlich tückische Krankheit, denn der Patient selbst bemerkt sie nicht.

"Marie, wisch bitte deine Haare aus dem Waschbecken, bevor du gehst. Wir sind hier kein Hundesalon."
Keine Reaktion.
"Marie?"
Keine Antwort.
"Mariiiiiie!"
"Warum brüllste denn so, Mama?"
"Ich habe gesagt, du sollst deine Haare ..."
"Ich geh jetzt aber raus."

„Du gehst erst raus, wenn du deine Haare ..."
„Aber Flora wartet."
„Das ist mir völlig egal! Erst werden die furchtbaren Haare ... vorher gehst du nicht raus!"
„Aber Flora wartet nicht gern."
Meine liebe Frau ist ein zutiefst geduldiger Mensch. Das Motto: „Aufregen kann ich mich auch morgen!", würde sie sich glatt als Stickarbeit über die Kommode hängen. Aber erstens kann sie nicht sticken und zweitens haben wir keine Kommode. Und darum regt sie sich quasi notgedrungen auf.
„Flora, Flora, Flora! Sieht das Waschbecken bei der etwa ebenso ...?"
„Floras Mami is nett", entgegnet Marie eingeschnappt.
„Und wenn schon!"
„Floras Mami räumt für Flora immer alles weg."
„Ha! Dass ich nicht lache!"
„Ehrlich, tut sie. Denn dann weiß sie wenigstens, dass alles seine Ordnung hat."
Diese Flora-Mutter muss irgendwie schwachsinnig sein, denkt meine Frau. Währenddessen zieht Marie ihre Jacke an und tapert zur Haustür.
„Wohin willst du?"
„Zu Flora, hab ich doch grad gesagt."
„Und ich habe grad gesagt, du wischst zuerst die Haare ..."
Marie stemmt ihre Hände in die etwas fülligen Hüften. „Das is Erpressung, weißte das?"
„Weiß ich."
„In der Schule haben wir drüber gesprochen: Eltern dürfen ihre Kinder nie, nie erpressen, jawoll."
Meine Frau denkt kurz an die nicht existierende Kommode und insbesondere an das, was darüber hängen könnte, atmet tief ein und sagt mit ruhiger Stimme: „Tochter, pass mal auf ..."
Aber Marie passt nicht auf, Marie schlägt erneut zu. „Wenn ich groß bin", murmelt sie versonnen, „werd ich meinen

Kindern jede Mühe abnehmen. Mühe abnehmen is nämlich Mutterglück!"

Dieses kleine Biest.

Aber meine Gattin hat eine spontane Eingebung.

„Mal sehen, ob ich dich richtig verstehe. Du meinst also, wenn der eine für den anderen …"

„… ja, das is Mutterglück." Marie nickt würdevoll.

„Fein, dann beseitige deine Haare aus dem Waschbecken doch nicht für dich, sondern für mich – das wäre echtes Mutterglück."

Marie ist wie vom Donner gerührt. Und meine Frau klopft sich innerlich anerkennend auf die Schulter. Fabelhaft pariert. Und pädagogisch ein (beinahe) bahnbrechender Erfolg.

„Mami?"

„Marie?"

„Darf ich dir 'nen Kuss geben?"

„Immer."

Marie küsst sie auf die Wange.

„Mamilein?"

„Marie?"

„Auch Küssen is Mutterglück."

Geschlagene 15 Minuten hat meine liebe Frau fürs Wegwischen und Aus-dem-Abfluss-Rausfingern der Haare gebraucht. Immerhin: Flora lässt grüßen.

8 Fallen Väter wirklich in Ohnmacht – einfach so?

Marie hat ein großes Herz für kleine Babys. Besonders für sich selbst als kleines Baby. Das geht dann so:
„Ich weiß, ich war winzig wie 'n rosiges Meerschweinchen."
„Wie zehn rosige Meerschweinchen." Ihre Mutter ist bei diesem Thema erst einmal weniger romantisch. „Achteinhalb Pfund, 59 Zentimeter, Schuhgröße 22."
„Dafür hatt ich aber Locken wie 'n Engel."
„Du hattest kein einziges Haar, ein halbes Jahr lang mussten wir dich mit Franzbranntwein einreiben, erst dann kamen die ersten drei Härchen."
„Aber mein Stimmchen war zart wie 'n …"
„Das war kein Stimmchen, das war eine Sirene, und zwar eine, die nachts den Katastrophenschutz zwang, sämtliche Nachbarn zu evakuieren."

„War ich denn gar kein süßes Baby?"
„Du warst das süßeste Baby der Welt." So viel Romantik muss sich die liebe Mutter schon eingestehen, immerhin entspricht es der Wahrheit.
„Ganz bestimmt?"
„Ganz bestimmt. Man musste eben nur ein bisschen länger hingucken."
An dieser Stelle des standardisierten Dialogs zum Thema „Als ich mal geboren war" lächelt Marie jedes Mal gänzlich zufrieden. Danach schließt sich – übergangslos – Standarddialog II an:
„Erzähl mir mehr aus meiner Babyheit."
„Nicht -heit, Marie, Babyzeit heißt das."
„Es heißt aber doch auch Kindheit und nich Kindzeit, Mami."
„Ist aber so."
„Ist aber blöd."
Weil Marie stets das letzte Wort hat, folgt nun automatisch Standarddialog III: heitere Begebenheiten. Ihre sich aufopfernde Mutter fragt, ob's denn die Sache mit dem Zahn sein dürfe, doch Marie verneint, es dürfe vielmehr die Sache mit dem doppelten Durchfall sein. Daran wiederum erinnert sich meine Frau für gewöhnlich nicht mehr und beginnt stattdessen die beliebte Schneekatastrophe von anno Zwieback zum Besten zu geben. Der Trottel in dieser Geschichte ist, wie üblich, der Vater.
Marie steckt den linken Daumen baby-mäßig in den Mund und hört andächtig zu. Bis zu der Stelle, an der der tattrige Vater die Tragetasche samt Baby aus dem Auto hievt und auf einem größeren (zugegeben leicht vereisten) Stein deponiert, um den Wagen abzuschließen. Da beginnt Marie zu kichern.
„Dein Vater sucht umständlich nach dem Autoschlüssel ..."
Das Kichern wird kieksiger.
„... und hinter ihm gerät die Tasche mit dir darin plötzlich ins Rutschen ..."
Das Kieksen wird kreischiger.

„… Die Tasche plumpst in den Schnee, kippt um, du kullerst heraus und …"

Das Kreischen wird lauter.

„… rollst ihm genau vor die Füße, als er sich ahnungslos …" An dieser Stelle versagt Maries Stimme regelmäßig und meine Frau leitet sofort Phase IV ein, das So-was-kann-auch-nur-Vätern-passieren-aber-wir-wissen-ja-sie-meinen-es-gut-Ereignis.

„Wieso gut?", krächzt Marie aufs Stichwort.

„Na, Papi hat die Tragetasche doch nur deshalb auf dem Stein abgestellt, weil er dachte, dass dir dort nicht so schnell kalt wird wie im tiefen Schnee."

Dieses umsichtige Handeln beeindruckt Marie keineswegs. Sie giert nach Skandalen.

„Und is er in Ohnmacht gefalln, als ich da rumlag?"

„Fast."

„Bloß fast?"

„Gott sei Dank! Das wär vielleicht was gewesen, ihr beide der Länge nach im Schnee!"

„Ja, das wär toll gewesen", gluckst Marie und nuckelt an ihrem Daumen. Dann fällt ihr Phase V ein.

„Woher weißte das eigentlich alles so haargenau? Haste zugeguckt?"

„Ja, hab ich."

„Und warum haste mich nich gerettet?"

„Das ging nicht."

„Dann bist du wohl vor Schreck wirklich in Ohnmacht gefalln, oder?" Irgendwas Erwachsenes muss bei dieser Geschichte doch endlich mal passieren, denkt Marie ungeduldig.

„Vor Lachen", prustet ihre Mutter, „vor Lachen war ich wie gelähmt, verstehst du?"

Marie schaut etwas pikiert. „Also hab ich mich selber retten müssen?"

„Da gab's … nichts … zu retten …!" Ihre Stimme leidet noch immer etwas an den Folgen ihres Lachkrampfs. „Du lagst

freudestrahlend im Schnee, es war ja der erste deines Lebens, und Papi schaute sich verstohlen und schuldbewusst um – dieses Bild vergess ich nie!"
Fehlt nur noch Durchgang VI – der Versuch einer Geschichtsmodifikation.
„Mama, tuste mir 'nen Gefallen?" Lauernder Augenaufschlag.
„Welchen?"
„Können wir Papi nich doch in Ohnmacht fallen lassen?"
„Marie, man muss immer bei der Wahrheit bleiben."
„Ist doch kein großer Unterschied."
„Für deinen Vater schon."
„Müssen wir ihm ja nich verraten."
„Und wenn wir uns verplappern?"
„Tun wir nich. Haben wir bis jetzt doch auch immer geschafft."
„Was geschafft?"
„Das mit dem ‚fast'."
„‚Fast' ist eben auch nur ‚fast'."
„Als du mir das Ganze früher erzählt hast", klärt Marie ihre Mutter auf, „is Papi nie in Ohnmacht gefalln. Inzwischen fällt er ‚fast' in Ohnmacht. Dann kann er beim nächsten Mal doch ganz ..."
„Marie!"
„Hätte viel mehr Klasse. Bitte!"
Soll ich Ihnen berichten, wie's wirklich war? Ganz anders natürlich. In Ohnmacht gefallen ist nämlich meine liebe Frau, jawohl! Jedenfalls fast.

9 Alle Menschen sind gleich. Aber wissen das auch alle?

Nicht Platon, Lincoln oder Marx und Moritz – nein, Marie ist drauf gekommen!
„Stimmt doch, das mit der Gleichberechnung?"
„Ich verstehe nicht ganz …"
„Na, ALLE Leute und so."
„Du meinst: Gleichberechtigung?"
„Sag ich doch."
„Von wem hast du …"
„Hab ich mir selbst überlegt."
Aber hallo! Oder besser: halleluja! Als tief beeindruckter Erzeuger einer offensichtlich hochbegabten Leibesfrucht bestätige ich mit staatstragend dickem Kloß im Hals: „Ja, mein Kind: Alle Menschen sind gleich."

„Wissen das auch alle Menschen?"
Da ich mir da nicht ganz sicher bin, zögere ich wohl ein wenig zu lange.
„Weiß Mama das zum Beispiel?"
Da ich mir da ganz sicher bin, nicke ich wohl ein wenig zu heftig.
„Fein, fein", jubelt Marie, „dann komm ich also mit, wenn ihr nächstes Mal abends essen geht. Chinesisch könnt mir gut gefalln."
In einem Sekundenbruchteil bin ich zurück im Hier und Heute. „Moment mal, so war das nicht gemeint! Du kennst meine These: Abends ist Elternzeit, da haben Kinder Dienstschluss!"
„WIESO?" Marie zaubert loderndes Entsetzen in ihre Stimme. „Wenn doch alle Menschen gleich sind?! Grad eben haste ..."
„Aber das ist etwas völlig anderes!"
Ihr Entsetzen geht in nackte Empörung über. „Gar nix andres! Ich bin auch 'n gleicher Mensch, jawoll! Bloß 'n etwas kürzerer!" Bibbernde Mundwinkel.
„Mariele, lass dir erklären ..."
Aber sie will nicht. „Fette Gemeinheit!" Das sämtliche Elend dieser Welt auf 40 Quadratzentimetern Kindergesicht.
„Die Sache ist so, dass ..." Ja, wie ist die Sache denn so? Neuer Anlauf. „Schau, unter ‚gleich' versteht man ..." Verflixt, ich kann jetzt unmöglich anfangen, die Verfassung zu zitieren – dazu bin ich eh nicht in der richtigen Verfassung. Man sieht's mir an. Darum hat Marie auch plötzlich Mitleid mit mir.
„Du meinst das mit den Eskimos und den Bayern und den Schwarzen in Afrika, wetten?"
Wette gewonnen.
„War in der Schule längst dran."
Oh, verehrtes Fräulein Doktor Müller-Heinrich, ich verehre ihre Lehrerei!
„Trotzdem." Neue Attacke. „Warum sind Bayern und Eskimos mehr gleich als ich und du und Mami und so?" Krause Stirn.
„Los, erklär mir das, Vater!"

Mich beschleicht das fatale Gefühl, umzingelt zu sein.
"Nun", druckse ich herum, "einerseits sind wir selbstverständlich alle total ... ich meine, es bestehen echt keine Unterschie... – andererseits gehörst du abends um acht ins Bett!"
Krachende Lachnummer, logisch. Und weil Marie das auch klar ist, fängt sie einfach an zu kichern. Übergangslos. Hemmungslos. Gnadenlos ansteckend.
Meine Gattin weiß an diesem Abend nicht recht, was sie mit uns anfangen soll. Marie kann sagen, was sie will – und Sprüche wie: "Gleich und gleich gesellt sich gern, nur Papi, der guckt lieber fern", will sie am liebsten – ich finde jede Silbe irre komisch, was meine Frau dagegen so gar nicht verstehen kann. Dann, gegen acht, tritt mir meine liebe Tochter heimlich vors Schienbein und stellt sich anschließend vor ihrer Mutter auf.
"Wenn es dir recht is", sagt Marie herzig bis treuherzig, "leg ich mich jetzt schlafen."
Ihre Mutter erstarrt. "Du? Freiwillig ins Bett? Mein Gott, das wäre das erste Mal in diesem Jahrzehnt! Hier stimmt was nicht, hier geht was vor!"
Ich fixiere angestrengt das Nichts.
"Abends is Elternzeit", haucht Marie zart bis zärtlich. "Da haben Kinder Dienstschluss." Nun schaut Birgit mich an. Erst durchdringend. Dann durchbohrend.
"Man könnte natürlich auch mal eine Ausnahme machen", sage ich vage. "Marie war heute mehrfach besonders einsichtig. Da ließe sich eine kleine Belohnung durchaus erwägen."
"Oh ja", brüllt Marie, "schön essen. Chinesisch."
Meine Frau kriegt Schlitzaugen. "ICH HABE ES GEWUSST! Ein Komplott! Ein Vater-Kind-Komplott!" Und dann: "Wann gehen wir endlich?!"
Wie gesagt: Alle Menschen *sind* gleich. Nur Mütter nicht, die *merken* alles gleich.

10 Gibt es einen Unterschied zwischen blöde und beleidigt?

Im Folgenden geht es um ein düsteres Kapitel zwischenmenschlicher Beziehungen.
Stichwort: Flora. Maries feste Feindin.
„Beste Freundin, Papa."
Die Bezeichnung wechselt mehrmals täglich. Denn Marie und Flora benötigen im Normalfall etwa drei Minuten, um sich in die Haare zu kriegen. Anlässe dafür brauchen sie nicht.
„Flora, wie findste Tommi aus der Klasse nebenan?"
„Süß."
„Ich find ihn dämlich."
„Wieso?"
„Der guckt immer so verknallt."
„In welche Richtung?"

„In deine."
„Du bist bloß neidisch."
„Auf diesen Tommi?"
„Nee, auf mich, Marie."
„Dass ich nich lache! Wenn Tommi Klausi wär, dann vielleicht."
„Klausi? Alter Schnarchsack."
„Gar kein Schnarchsack!"
„Oberschnarchsack!"
Sendepause bis zum nächsten Mal. Und das nächste Mal ist wie das erste Mal.
„Meine Mutter hat gesagt, ich soll mir von dir nix gefalln lassen, Flora."
„Meine auch."
„Auch was?"
„Meine sagt auch, ich soll mir von dir nichts gefallen lassen."
„Dabei haben wir uns doch ganz lieb, nich, Flora?"
„Kann sein."
„Na ja, ganz lieb is vielleicht zu viel, aber 'n bisschen schon."
„Was, so wenig?"
„Reicht dir wohl nich."
„Reicht mir schon lange!"
Trotzdem muss unentwegt telefoniert werden. Kein Grund zur Sorge. Die Gebühren halten sich in engen Grenzen. Über kurz oder lang – meistens über kurz – cancelt eine von beiden wutschnaubend die Verbindung.
„Diese Gurke, mit der red ich kein Wort mehr!"
Ruft diese Gurke dann wieder an, tun beide, als sei nie was gewesen.
„Fein, dass du dich meldest. Was machste grad?"
„Fernsehen."
„Was guckste?"
„So 'nen coolen Krimi."
„Gut?"
„Toll."

„Was du schon toll findest."
„Hältste mich für blöde?"
„Nee."
„Dein Glück."
„Ich halt dich für beleidigt."
Eines Tages hat Maries Mutter die Nase voll.
„Deine Tochter", sagt sie mit sprödem Unterton zu mir, „deine Tochter und Flora, das grenzt an Masochismus."
„Flora ist eine kleine linke Socke, mein Schatz", bestätige ich freundlich.
„Und deine Tochter, was ist die?"
„Das Opfer dieser kleinen linken Socke."
„Und wenn's in Wirklichkeit genau umgekehrt wäre?"
„Du meinst, wenn Marie …?"
„Stell dir mal vor."
„Dann geschieht es dieser anderen kleinen linken Socke ganz recht."
Als Vater muss man schließlich das sein, was Müttern oft schwerfällt: objektiv.
„Die beiden sind keine Freundinnen, sie sind Rivalinnen", behauptet meine Frau. „Die eine gönnt der anderen nicht die Butter auf dem Brot. Schrecklich!"
„Schrecklich? Was heißt denn hier schrecklich?" Ich recke mich.
„C'est la vie, auf diese Art lernen sie perfektes Konfliktmanagement."
„Wie grandios du das wieder auf den Punkt bringst."
Ich beschließe vorsichtshalber, mich nicht geschmeichelt, sondern bemüßigt zu fühlen, die Situation analytisch abzurunden.
„Schau, du musst das so sehen: Auf der einen Seite haben wir die warmherzige Heldin – duldsam, klug und von edler Gestalt. Auf der anderen Seite haben wir die Konkurrenz – tückisch, pummelig und vermutlich auch noch denkfaul."
„Seit wann ist unser Kind denkfaul?"

Ich merke schon, meine Frau tut so, als könne sie mir nicht folgen. Aber ich tue so, als würde ich es nicht merken. Das ist wahre Größe. „Also: Hier die arglose Marie, dort die von Missgunst zerfressene Flora. Der klassische Konflikt! Bereits Schopenhauer ..."
„Schopenhauer ist mir schnuppe, der hat keine Tochter gehabt, die anderer Leute Tochter als stinkig bezeichnet!"
„Das sagt Marie nur, um sich zu wehren."
„Das sagt Marie, weil es ihr Spaß macht!"
„Willst du mich meinem leiblichen Kinde entfremden?"

Das leibliche Kind kommt von draußen und direkt zum Thema: „Flora redet nich mehr mit mir. Und ich nich mit ihr."
„Was nun?", fragt ihre Mutter.
„Nun brauch ich mich nich mehr über die zu ärgern, is doch klar."
Nach zwei Tagen steht die feste Feindin Flora erneut auf der Matte. „Is Marie da?"
„Die ruft grad bei dir an." Ich wirke ein wenig reserviert.
„Wir können uns nämlich neu vertragen."
„Ach nein." Hoffentlich sehe ich so baff aus, wie ich tue. „Wart ihr denn verkracht?"
„Bisschen. Marie ist manchmal ziemlich zickig."
„Und du?"
„Ich verzeihe ihr."
„Gutes Kind."

Anschließend fängt das Drama von vorn an. 1. Akt: Marie und Flora fallen sich schluchzend in die Arme. 2. Akt: Marie und Flora fallen sich abwechselnd ins Wort. 3. Akt: Marie und Flora fallen sich gegenseitig auf die Nerven.
„Du hast ..."
„Hab ich nich ..."
„Immer willste ..."
„Nix will ich, du willst dauernd ..."

11 Sind Karrierefrauen etwas ganz, ganz Schlimmes?

„Der Neue in der Klasse is schon zehn und irre hip", berichtet Marie ihrer Mutter. „Er will aber nie heiraten, das hat er gleich in der ersten Pause verraten."
„Was will er denn dann, etwa Papst werden?"
„Dieter-Thomas sagt, er nimmt sich später eine Karjerefrau, weil man die nich heiraten muss." Und erschaudernd fügt sie hinzu: „Is Karjerefrau was ganz, ganz Schlimmes?"
„Was ganz, ganz Schlimmes?"
„Na ja, so was wie ‚Na-du-weißt-schon' oder so?"
„Nein, das wär mir neu."
Am nächsten Tag kommt Dieter-Thomas nach der Schule mit Marie zum Essen nach Hause.
„Seine Mutter hat Termine", erklärt sie. „Ich hab ihm gesagt, meine Mutter hat keine Termine, weil sie mir ja Mittagessen machen muss."

Die Mutter schluckt und kocht und guckt sich dabei Dieter-Thomas ein bisschen genauer an. Er hat Haare bis über den Kragen und trägt sein Designer-T-Shirt mit lässiger Noblesse. „Sie brauchen sich nicht zu beeilen", teilt Dieter-Thomas ihr gönnerhaft mit, „ich muss sowieso erst einiges checken."
Während der smarte Knabe nebenan irgendeine lange Nummer ins Telefon tippt, zischelt Marie aufgeregt: „Isser nich süß, Mami? Isser doch, oder?"
Mami nickt ergeben. Dann will sie wissen: „Wen ruft er an? Den amtierenden Papst?"
„Nein, seinen Vater", gibt Marie bereitwillig Auskunft. „Sein Vater is nämlich Amerikaner, den muss er einmal am Tag ankorlen."
„Den muss er was?"
„I call him", ruft Dieter-Thomas von nebenan, „Das ist Englisch, verstehen Sie?"
„Yes, Sir", antwortet meine Frau ehrfürchtig. Dann fragt sie gebührenfrei: „Sitzt er in New York?"
„Nein, in London, aber jetzt bitte mal ‚shut up', ist 'ne schlechte Verbindung. Hey, Daddy, ich bin's ..."
Marie schließt die Küchentür und erstrahlt in stiller Bewunderung. „Wahnsinn, was, Mami?"
„Yeah, Honey, Waaahnsinn", stöhnt sie.
Beim Essen gibt Dieter-Thomas profimäßig kurze informative Einblicke in sein Privatleben. „Daddy jettet immer nur am Wochenende zu uns nach Hause, er hat viel um die Ohren, you know?"
„Drum korlt er ihn", ergreift Marie wissend das Wort.
„Und deine Mutter?", fragt meine Frau. „Called die deinen Daddy auch daily?"
Marie ist fasziniert von der unverhofften Weltläufigkeit ihrer Köchin und Putzfrau.
„No." Dieter-Thomas zuckt mit den Schultern.
„Das kriegt sie nicht auf die Reihe, die ist selbst viel zu busy."
„Bissig? Deine Mutter is bissig?" Marie erschrickt.

„Warum das denn?"
„Busy, Mary", erklärt er ihr, „heißt so viel wie: dauernd auf Achse."
„Seine Mutter hat bestimmt einen wichtigen Job", ergänzt die Mutter. „Geschäfte, Verhandlungen, Reisen – stimmt's, mein Junge?"
„Klar doch", nickt der Junge gleichmütig, „'ne toughe Karrierefrau eben."
„So wie die in der Fernsehwerbung?" Marie ist augenblicklich elektrisiert. „Rein ins Flugzeug, raus aus'm Flugzeug? Auto mit Fahrer und Hotel mit Pool?"
Dieter-Thomas lächelt weise und muss sich kurz darauf schon verabschieden. Golfstunde. Und um fünf Uhr muss er „at home" sein, die Hausdame legt Wert darauf, dass er sich ordentlich vorbereitet für den Querflötenunterricht um halb sechs. Und um sieben Uhr folgt dann noch Hallentennis. Als er weg ist, rauscht Marie begeistert durch die Räume. „Das is ja vielleicht 'n tolles Leben, das vom Dieter-Thomas. Und diese tollen Eltern! Da wird man echt neidisch!"
Ihre Mutter hockt in der Küche und starrt stumm auf den Abwasch. Um halb vier Uhr klingelt das Telefon.
„Richte ihm aus", gellt Marie aus ihrem Zimmer, „Mary sitzt grad bissig bei den Schularbeiten, er soll später noch mal korlen."
Es ist jedoch nicht Dieter-Thomas, sondern Klausi, der da anruft, und der macht sich große Sorgen. „Gnädige Frau, ich bin doch Mariechens bester Freund, nicht wahr?"
„Mit Abstand", antwortet meine gnädige Frau.
„Und was hat dann dieser Dieter-Thomas auf einmal mit Marie zu schaffen? Heute nach der Schule war ich Luft für sie, und ich hab gehört, wie Marie diesen ..., na, wie sie ihn zum Essen eingeladen hat."
Pause. „Mich hat Marie noch nie zum Essen eingeladen, ich bin, ich bin ..."
„Empört", schlägt ihre Mutter vor.

„Traurig", seufzt Klausi.
„Morgen gibt es bei uns Leber", kündigt meine Frau zuvorkommend an.
„Ich schätze Leber sehr", beeilt sich Klausi zu versichern, obwohl er seinen Ekel kaum unterdrücken kann. „Ist zwei Uhr recht? Und beste Grüße an Ihren Gatten."
Marie nimmt seinen Notruf kaum zur Kenntnis. „Die Schnake spielt sich doch bloß auf. Ja, wenn's Dieter-Thomas wär, dann ..."
„Der hat doch null Zeit", erinnert ihre Mutter sie. „Der spielt Golf, flötet, schlägt Asse, und vor dem Einschlafen schaut seine Mama wahrscheinlich noch kurz vorbei. Da ist jede Sekunde kostbar."
Marie wird auf einmal ziemlich ernsthaft und guckt versonnen. So sieht sie immer aus, wenn grundsätzliches Gedankengut in ihr in Gang gerät.
„Mamilein", beginnt sie äußerst behutsam, „Mamilein, nich böse sein, aber ich find Karjerefrauen irgendwie super."
„Fein."
„Mamilein, warum biste eigentlich keine Karjerefrau?"
„Die war ich früher."
„Echt? Und jetzt?"
„Jetzt bin ich eine Mutterfrau."
„Hm."
Beide schweigen nachdenklich, bis Marie flüstert: „Kann man denn nich beides sein?"
„Manche können das, manche wollen das und manche müssen das", lautet die präzise Antwort. Eine genauere Darstellung der weiblichen Situation in diesem Lande unterbleibt, weil Marie mit den Worten enteilt: „Ich korl mal eben Klausi an und warn ihn vor der Leber."
Dessen ungeachtet erscheint Klausi am nächsten Tag pünktlich zum Mittagessen, kaut klaglos die ungeliebte Leber runter und versucht währenddessen sogar, die Konversation anzukurbeln: „Wollte Dieter-Thomas denn gar nicht wieder mit-

essen? Hätte doch sicher für alle gereicht."
„Dieter-Thomas ist zu 'nem Arbeitsessen mit seiner Karjeremutter verabredet", informiert ihn Marie mit vollem Mund.
„Die kann's absetzen, sagt er."
„Absetzen? Im Lokal?"
„Von der Steuer", vermutet meine Gattin, und Marie nuschelt lässig: „Die macht nämlich dauernd Arbeitsessen, musste wissen."
Klausi kriegt glänzende Augen. „Dann hat sie bestimmt auch ein graues Flanellkostüm und blonde Haare, die beim Schreiten wippen." Klausi sagt wirklich „Schreiten". Marie bejaht strahlend, obwohl sie Dieter-Thomas' Wundermutter überhaupt nicht persönlich kennt.
„Wie Karrierefrauen halt aussehen", stimmt ihre Mutter kleinlaut zu.
„So eine will ich später auch haben", entfährt es Klausi spontan. „Die verdienen massig und man ist gut versorgt!"
Marie fährt kerzengrade hoch. „Spinnste? Dieter-Thomas sagt dasselbe, aber nich, weil die einen gut versorgen, sondern weil man Karjerefrauen nich heiraten muss!" Und während Klausi bis ins Mark erbleicht (hoffentlich ist es nicht die Leber), fügt sie fauchend hinzu: „Hab immer gedacht, du willst MICH später mal ..." Sie zieht eine Riesenflappe.
Klausi bricht in große Hektik aus. „Ma-Mariechen", stottert er los, „davon rede ich doch – du wirst bestimmt die größte Karrierefrau von allen! Und dann nehme ich dich mit ... äh ..."
„... Kusshand." Diese kleine Anregung kommt von Maries Mutter.
„Genau", stimmt Klausi ihr dankbar zu und ergänzt höflich: „Natürlich nur, wenn Sie gestatten, gnädige Frau."
Kurz vor dem Einschlafen zitiert Marie mich, ihren Herrn Vater, zu dem letzten Kuss des Tages ans Bett. „Papi", haucht sie, „könnt ihr Männer nicht endlich mal selbst Karjere machen?"
Ich verspreche, es ernsthaft in Erwägung zu ziehen.

12 Wer fährt besser Auto: Männer, Frauen oder Marie?

Die Formel 1 galt in unserer Familie eigentlich als Vater-Domäne. Ich durfte die Rennen immer ungestört aufzeichnen. Ungestört anschauen durfte ich sie, wenn meine Anwesenheit anderweitig nicht zwingend eingeplant war. Zwei oder drei Mal im Jahr also. Seit kurzer Zeit guckt Marie jedoch ebenfalls Formel 1. Regelmäßig, live und voller Entzücken. Was nicht ohne Folgen bleibt. Denn nun guckt Marie auch MIR beim Autofahren zu. Regelmäßig, live – und voller Entsetzen. Mit folgenden Auswirkungen …
Zunächst beließ sie es noch bei permanentem Kopfschütteln. Inzwischen entlädt sich ihr Temperament in verkehrspolitisch fragwürdigen Empfehlungen.
Beispiel eins: „Papa! Warum so zimperlich? Überhol endlich!"
Beispiel zwei: „Mannomann, haste vergessen, wo das Gas sitzt? Reehechts!"

Beispiel drei: „Denk an den Grongpriiieh von Monte Carlooo. Da bremst auch keiner!"
Ich weiß, ich weiß, man soll die Weltoffenheit seiner Kinder achten, aber irgendwann ist mir dann doch einmal der Kragen geplatzt. Innerlich. Äußerlich bin ich selbstverständlich die Ruhe selbst.

„Mariechen", sage ich während eines Einparkmanövers rückwärts, in bester Citylage, „die Formel 1 ist kein Maßstab für das alltägliche Fortbewegen im Straßenverkehr. Nimm nur mal das, was ich hier gerade veranstalte: zurücksetzen. Das kann kein Formel-1-Auto!"

„Das kannst DU auch nich", antwortet Marie einige Sekunden, bevor es hinterm Kofferraum scheppert. Da mein Wagen nun vorübergehend in der Werkstatt weilt, darf ich den lustigen Flitzer meiner Frau benutzen.

„Hoffentlich kommste mit dem leichter klar", muntert Marie mich auf. „Denk dran: Richtige Männer fahrn bis ans Limmittt." Ich erwäge ernsthaft, vor der nächsten Formel-1- Übertragung unseren Fernseher klauen zu lassen. Aber dann weicht Marie garantiert zu Klausi aus. Und wenn ich den Fernseher dort ebenfalls ...? Dann sitzt Marie mit Sicherheit bei Dieter-Thomas vor dem Bildschirm. Nein, ich muss es argumentativ stringenter anlegen. Jetzt, auf dem Weg zur Schule. Total entspannt. Und ich habe auch schon einen Plan: Ich werde mit knappen Worten erklären, dass die Formel 1 nichts anderes als KLEINKINDERKRAM ist! Klasse, oder? Damit rechnet Marie nie und nimmer.

„So ein Rennen reißt keinen halbwegs intelligenten Menschen vom Hocker", setze ich an. „Was tun die Burschen denn? Die fahren dauernd im Kreis herum. Ist doch lächerlich."
Merkwürdigerweise würdigt Marie mich keines Blickes.
„Und Gegenverkehr? Nichts da! Gäbe es Gegenverkehr, würden die ganz schön alt aussehen!"
Marie sieht stur nach vorn. Ich gebe zu: Den Erfolg meiner Kleinkinderkram-Kausalkette hatte ich mir doch ein bisschen

durchschlagender vorgestellt. Erst direkt vor der Schule fällt mir noch etwas ein.
„Hast du dich jemals gefragt", frage ich gemütvoll, „warum die Formel-1-Kerle keine weibliche Konkurrenz dulden?"
Sehe ich da ein leicht irritiertes Zucken rund um den Marienmund?
„Im normalen Straßenverkehr ist die weibliche Konkurrenz dagegen äußerst groß – denk allein an deine Mutter."
„Richtig", sagt Marie und hüpft aus dem Auto, „die fährt wirklich besser als alle Männer zusammen."
Moment, so hab ich das ...
„Darum wär's mir auch angenehmer, wenn sie mich nachher abholt. Kannste ihr das ausrichten?"
„Werd's irgendwie einrichten", knirsche ich.
Zu Hause empfehle ich meiner lieben Frau: „Wie intensiv unser Kind deinen Fahrstil unterwegs auch kritisiert – bewahre hinterm Lenkrad die Contenance. Roll zügig dahin, nimm die Kurven mit gekonntem Powerslide, und wenn ihr in eine Boxengasse geratet, achte auf die Luder."
„Woran erkennt man die?"
„An ihrer sparsamen Garderobe."
„Soll ich wohl vorsichtshalber ein paar Sachen aus der Altkleidersammlung mitnehmen?"
Ich rate ihr davon ab. Stunden später stellt sich heraus: Meine wohlwollend mahnenden Hinweise sind völlig unnötig gewesen.
„Marie hat mich die ganze Fahrt über nuuur gelobt", strahlt meine Gattin stolz. „Sie findet, ihre Mutter sollte schon beim nächsten Grand Prix an den Start gehen!"
„Und ihr Vater?"
„Der kann die Reifen wechseln. Alle vier."
Ich fordere daraufhin ein Vier-Augen-Gespräch mit Marie. Es findet im Kinderzimmer statt. Überall hängen Poster von Formel-1-Piloten an den Wänden. Letzte Woche waren da noch Regale voller Barbiepuppen. Hat Marie die etwa der

deutschen Luder-Hilfe gespendet?
„Mein Mädel, ich weiß, du verfügst über einen ausgeprägten Gerechtigkeitssinn", schleime ich mich behutsam bei ihr ein. Und hake dann knallhart nach: „Aber wieso versagt der plötzlich?"
„Nich, dass ich wüsste, Papa."
Papperlapapp.
„Es gilt zu Recht als unfair", sage ich unnachgiebig, „beide Elternteile gegeneinander auszuspielen."
„Nich, dass ich wüsste, Papa."
„Lass mich versuchen, das Ganze auf eine kurze Formel zu bringen …" Oh, verflucht, warum muss ich ausgerechnet was von Formel faseln?
„Prima, Papa."
Ich hole Luft für zwei, obwohl nur ein Satz folgen soll: „Du behauptest, deine Mutter kann besser Auto fahren als ich!"
„Na und, Papa?"
„Das stimmt nicht, Marie!"
„Weiß Mama, dass du so denkst, Papa?"
Oh mein Gott, ich rede mich um Kopf und Kragen.
„Ich will einfach, dass du deine Meinung änderst", flehe ich.
„Ist das denn zu viel verlangt?"
„Ja."
„Ja? Du änderst deine Meinung?"
„Nein. Ja heißt: Das is zu viel verlangt."
Ein schwarzer Tag. Ein Tag ohne Hoffnung. Ich suche Trost bei meiner Frau, aber die hängt am Telefon, um sämtliche Verwandten und Bekannten darüber aufzuklären, dass Marie sie für eine begnadete Formel-1-Fahrerin hält.
Ich ertrage die Schmach nicht länger und rufe vom Handy aus den Automobilclub an. Dort will man wissen, was kaputt ist.
„Mein Selbstbewusstsein." Man verspricht, nicht ein, sondern zwei gelbe Engel vorbeizuschicken. Es hätte ein netter Abend werden können. Wenn meine liebe Frau nicht auch denen lang und breit erzählen würde, dass ihre Tochter …

13. Wo steht geschrieben, dass man Tanten mögen muss?

Die Welt funktioniert – im Prinzip – denkbar einfach. Jedenfalls dann, wenn alle Welt alle naselang alle möglichen Kompromisse macht. Marie macht keine Kompromisse. Marie macht sich einen fröhlichen Lenz. Und wir müssen mitmachen.
Hausfreund Klausi mag die Marie-Methode vorbehaltlos. „Geht es ihr gut, geht es uns gut", argumentiert er. „Wozu also Kompromisse?" Aber Klausi kennt Tante Lotta nicht.
Im Prinzip wohnt Tante Lotta weit genug weg, um uns höchstens alle Jubeljahre einmal zu besuchen. Zum Jubeln hat man trotzdem keinen Grund. Denn wenn sie einfliegt, haben wir die Hölle auf Erden. Übermorgen ist es wieder so weit. Aber der Reihe nach.

Dafür, dass Tante Lotta 70 Jahre alt wird, kann sie nichts. Dafür, dass sie sich wie eine 35-Jährige kleidet, kann Karl Lagerfeld nichts. Dafür, dass alle Stewardessen kündigen, nachdem sie die Tante bedienen mussten, kann die internationale Luftfahrt nichts. Selbst für ihren Damenbart zeichnet sich keinerlei Lösung ab.

Vor ihrer Ankunft will ich – nur der Ordnung halber – möglichst verbindlich von meiner Frau wissen: „Ist das eigentlich deine oder meine Tante?"

„Weder deine noch meine. Einigen wir uns auf: eine. Das muss reichen."

Marie reicht es schon bei der Begrüßung.

„Höre, Kind", dröhnt Tante Lotta unterhalb ihres Damenbartes und stemmt die Hände dorthin, wo sie ihre Taille vermutet, „letztes Mal ließ dein Benehmen sehr zu wünschen übrig. Bist du nunmehr gehorsam?"

„Meistens", haucht Marie. „Wann reiste wieder ab?"

Tante Lotta verfügt über keinen eigenen Nachwuchs, ‚weil davon ja eh genug herumläuft', aber erziehungstechnisch legt sie großen Wert auf die Tugend ihrer Jugend. Schon am ersten Abend verkündet Tante Lotta uns, Marie sei ein Exempel. Ich halte das zunächst für eine wertneutrale bis positive Einschätzung, darum halte ich auch den Mund.

„Ein Exempel der Eigenwilligkeit", fährt Tante Lotto lautstark und nachdrücklich zur Erläuterung fort. „Das könnt ihr unmöglich tolerieren."

„So?" Meine Frau fragt dies ziemlich sanft. Also ist es doch ihre Tante.

„Das Kind zeigt keinerlei Bereitschaft, Dinge zu tun, die getan werden müssen", schnaubt Tante Lotta. „Ein außerordentlich bizarres Verhalten, wenn ihr mich fragt."

„Bizarr?", frage ich prompt.

Tante Lotta beugt sich grimmig vor. „Ich rate euch, schickt dieses Kind für ein Jahr auf ein Internat, und ihr werdet euch wundern!"

Ich fürchte, die auf dem Internat werden sich wundern. Aber das sage ich nicht. Ich frage lieber: „Pardon, wie kommst du darauf, dass Marie nicht tut, was getan werden muss?"
„Ich sehe es an ihren Augen", triumphiert Tante Lotta. „Ihre Augen signalisieren nicht die geringste Kompromissbereitschaft. Zu meiner Zeit nannte man das Trotz oder Dickköpfigkeit!"
„Zu deiner Zeit war vieles anders", sagt meine Gattin, noch eine Nuance nachsichtiger. „Das merkt man doch an dir, Tantchen."
Vorsichtshalber halte ich die Luft an.
„Sehr richtig", strahlt Tante Lotta geschmeichelt, „wenn es mir doch nur gelänge, eurem Kind davon etwas mit auf den Weg zu geben. Ihr wäret mit ewig dankbar."
Ich halte schon wieder die Luft an.
„Wären wir", nickt Birgit. Ich habe nicht geahnt, wie hinterhältig sie sein kann. „Versuch's am besten gleich morgen, Tantchen. Natürlich nur, wenn es dir recht ist."
„Das ist mir sehr recht", schnaubt Tante Lotta zufrieden. „Lasst mich nur machen."
Marie hat den Braten längst gerochen und präsentiert Liebreiz vom Feinsten, als die Tante am nächsten Tag einen Spaziergang unter vier Augen vorschlägt – im kurzen lila Kleidchen, die Tante wohlgemerkt, nicht Marie. Kaum sind die beiden aus dem Haus, tupfe ich mir den Schweiß von der Stirn.
„Was ist?" Birgit wirkt äußerst gelassen.
„Ich würde jetzt liebend gern mal Mäuschen spielen", japse ich.
„Wozu?" Meine Frau schüttelt den Kopf. „Ist doch klar, was jetzt abläuft. Pass auf: Lotta wird Marie gleich an der nächsten Ecke auffordern, ab sofort das bravste Wesen unter der Sonne zu sein. Im Gegenzug wird Marie fragen, warum zum Teufel Lotta sich anzieht, als wäre sie nur halb so alt, wie sie tatsächlich ist. Daraufhin dürfte Lotta ihr einige Ohrfeigen androhen, und Marie dürfte verkünden: ‚Wer Kinder schlägt, landet im Gefängnis, und auf Besuch kannste dann lange warten.'

So ungefähr jedenfalls. Dann wird Lotta schreien: ‚Marie, du bist ein Monster!' Vor Wut wird sie anfangen zu weinen. Da unsere Tochter aber ein gutes Herz hat, wird sie Lotta trösten und einen fairen Deal vorschlagen. Etwa so: ‚Du lässt dir knöchellange Blumenkleider nähen und ich lass dich in Ruhe, abgemacht?' Ich garantiere dir: Danach sind die beiden ein inniges Paar."

Meine Frau scheint über ein Meer an Mutterinstinkten zu verfügen, denn Tante und Kind kehren in der Tat Hand in Hand heim und berichten übereinstimmend, dass sie viel Freude aneinander gefunden haben.

„Kompromiss geschlossen?" Ich zwinkere Marie zu.

„Was geschlossen?" Marie schaut muffig und patzig.

„Kom-pro-miss."

„Kom-pro-mist", kichert Marie und muss mich dringend umarmen.

14 Lassen sich Rotwein und Zahnpasta kreuzen?

Neuerdings bleibt bei uns alles offen. Egal, ob Hustensaftfläschchen, Marmeladenglas oder Zahnpastatube. Aus gutem Grund, weiß Marie.
„Was drin is, muss atmen", sagt sie bedeutungsvoll, „sonst passiert Schlimmes, versteht ihr?"
Eher nicht. Also entgegne ich in einer gelungenen Mischung aus Nachsicht und Nachdruck: „Hustensaft, Marmelade und Zahnpasta –, diese Dinge, Mause-Tochter, sind null atmungsaktiv, ergo musst du auch null Schlimmes befürchten, klaro?"
„Ergo", finde ich, gibt der Erklärung zusätzlichen Drive und „klaro" killt jeden Restzweifel.
„Du bist einfach zu faul, die Dinger wieder zuzumachen!" Mit dieser Stand-up-Analyse bringt meine Frau eine neue Dimen-

sion in unser Gespräch. „Es handelt sich", fährt sie ungerührt fort, „um reine Bequemlichkeit!" Anschließend fällt ihr noch etwas sehr Entscheidendes ein: „Daran sind schon viele Ehen zerbrochen!"
Woran?
Wurscht.
„Ich heirate Klausi", entgegnet Marie ein wenig überheblich, „und weil der sowieso Luft für mich is, hab ich immer genug zum Atmen. Aber was, bitte sehr, is mit Wein?" Sie blickt siegessicher um sich.
„Wein?", fragen wir unisono.
„Wein muss doch auch atmen! Kannste überall lesen. Warum soll das bei Wein anders sein als bei Hustensaft, Papi?"
„Ich trinke Bier", antworte ich. Diese Auskunft muss genügen. Tut sie aber nicht. Marie reißt die Haustür auf, obwohl es regnet, ich kriege eine Gänsehaut und Birgit kriecht hinter meinen Rücken.
„Kommt bloß nich auf die Idee, wieder abzuschließen", warnt Marie. „Ich bin nämlich sehr atmungsaktiv, jawoll."
Ich sehe sie scharf an.
„Na gut", lenkt sie ein und knallt die Haustür wieder ins Schloss, „aber die Zahnpastatube bleibt, wie sie is. Man weiß ja nie."
„Was weiß man nie?", fragt meine Frau. Ich frage auch, und zwar mich, wie denn wohl die Sackgasse heißt, in der dieser Dialog enden wird.
„Man weiß ja nie, ob Zahnpasta, wenn man sie mit Wein kreuzt, nich vielleicht doch ..."
Ich denke gerade: „Gott sei Dank bleibt mein Bier verschont", da klingelt das Telefon, und weil Klausi dran ist, vergisst Marie, den Raumton auszustellen:
„Hallo, ich bin es, hoffentlich störe ich ni..."
„Hör mal, du Schnake, dein Vater hat doch 'n Weinkeller."
„Oh ja, auf den ist er sehr stolz."
Klausi scheint es auch zu sein.

„Ich muss da mal rein."
„Du? Das wird mein Vater aber gar nicht gern seh…"
„Er muss es nich sehn, Klausi."
„Was willst du denn …?"
„Ein wissenschaftliches Experiment! Pass auf, ich bring Zahnpasta mit und du bist mein Helfer, ja?"
Das mit dem Helfer gefällt Klausi außerordentlich gut. Meiner Frau und mir gefällt das allerdings nicht im Geringsten. Wir verlassen den Raum auf leisen Sohlen und schwören uns, niemals – ich wiederhole: niemals – Zeugen dieses oder eines ähnlich gearteten Gespräches gewesen zu sein. In der Küche drehen wir das Marmeladenglas zu. Dem Hustensaft geben wir noch einen Moment. Man ist ja kein Unmensch. Marie bleibt zwei Stunden außer Haus. Was uns zutiefst beunruhigt. Immerhin hat sie unsere einzige Zahnpastatube dabei. „Wenn das nur gut geht", haucht Birgit ein ums andere Mal. Mir kommt die ganze Zeit kein Wort über die Lippen. Männer verfügen eben über ein hohes Maß an Disziplin.
Als Marie heimkehrt, strahlen ihre ebenmäßigen Züge eine gewisse Nachdenklichkeit aus. „Irgendwie tut mir Klausi leid", lautet ihr erstes Statement. „Aber auch bloß irgendwie."
„Was ist passiert?" Vor meinem geistigen Auge sehe ich – durchaus in DVD-Qualität – Klausis Vater in den Weinkeller stürzen, edle Tropfen in Sicherheit bringen, den Sohn verfluchen und dergleichen mehr. „Tobt sein Vater? Hat er ihm Stubenarrest verpasst? Ist Klausi jetzt total geknickt?"
„Klausi is total besoffen", sagt Marie. Die Nachdenklichkeit auf ihren ebenmäßigen Zügen beginnt in eine gewisse Unzufriedenheit auszuarten. „Hätt nich gedacht, dass er so wenig abkann, ehrlich."
Ich bin sprachlos. Ihre Mutter bringt zumindest ein: „Um Himmelswillen!" heraus, wenn auch gestammelt. Wegen der eben erwähnten männlichen Disziplin gelingt es mir dann endlich, nach der Zahnpasta zu fragen.
„Alle", murrt Marie.

„Die Tube war noch drei Viertel voll!" Und sie hätte noch einen Monat gereicht, aber das sage ich nicht, das mutmaße ich nur. Dann fällt mir Klausi wieder ein.
„Wieso ist dein Helfer ... betrunken?" Ich gebe zu, mit dem letzten Wort tue ich mich ein wenig schwer.
„Nich betrunken – besoffen!" Marie legt stets großen Wert darauf, korrekt zitiert zu werden.
„Anders ausgedrückt: Klausi hat statt zuzuarbeiten ...", bringt Birgit hervor, „lieber eine richtige Weinprobe ..."
„Nein!" Marie stampft mit beiden Füßen auf. „Er war ganz, ganz tapfer. Jedenfalls meistens."
„Tapfer?" Doppelecho aus elterlichen Kehlen. „Klausi?"
Marie zieht uns in die Küche und prüft wortlos und ausgiebig das nach wie vor offene Hustensaftfläschchen. „Also", sagt sie und seufzt schwer, „wir hab'n einen Rotwein genommen, da stand auch drauf: Rothschild – Klausi glaubt nämlich, so 'n Roter muss besonders viel atmen – und dann haben wir 'ne Wurst aus der Tube ins Glas gequetscht. Damit sich alles verbindet: Luftaustausch, verstehste? Klausi taucht seine Zahnbürste rein und legt los: putzen, eintauchen, nachfüllen, quetschen, putzen, eintauchen, nachfüllen, quetschen. Nach 'ner halben Stunde frag ich Klausi, ob die Zahnpasta in seinem Mund nicht allmählich mal zu atmen anfängt, von wegen dem Experiment. Aber das Einzige, was schwer atmet, ist Klausi, die Schnake. Mit glasigen Augen. Das müsst ihr euch mal vorstellen!"
Tube leer, Klausi voll. Ich stelle mir das besser nicht vor.
Marie stützt den Kopf in ihre Hände. „Das Letzte, was Klausi grad noch lallen kann, is: ‚Kla-Kla-Klasse Ex-Ex-Experodingdongs, Mamamariechen!'"
„Und dann?" Meine Frau schluckt.
„Dann bin ich gegangen."
„Und Klausi?"
„Klausi hat sich für mich aufgeopfert", schluchzt Marie nun.
„Für die Wissenschaft", nicke ich beeindruckt.

Den Rest des Abends warten wir darauf, dass Klausis Vater anruft und unter anderem seinen Rothschild-Rotwein reklamiert.

„Man könnte ihm als Ersatz einen Kasten Bier anbieten", schlage ich vor, wenn auch schweren Herzens. Meine Frau winkt ab. Marie wankt ins Bett. Ich harre aus. Bis Mitternacht. Vergebens: Klausis Vater hüllt sich in vornehmes Schweigen. Dafür ist Klausis Mutter am Hörer. Am nächsten Morgen.

„Hallöchen! Kann ich mal bitte Marie ... es ist schier unglaublich ..."

Marie verschluckt sich vor Schreck am Hustensaft. Sie dreht den Hustensaftfläschchen-Verschluss so gründlich zu wie noch nie in ihrem Leben, bevor sie fast tonlos Richtung Hörer haucht: „Ja, bitte?"

„Kindchen, du gutes. Wirklich grandios!" Dank Raumton schwebt der Anruf durchs ganze Haus.

„Was is gran...?" Marie tupft sich Schweißperlen von der Oberlippe.

„Klausis Zähne! Blitzsauber, blitzweiß, blitzmakellos! Zum ersten Mal! Er hat sie eine halbe Stunde lang geputzt – dank deiner Fürsorge, wenn ich Klausi richtig verstanden habe!"

15 Sind Yin und Yang ein gloßel Illtum?

„Wisst ihr, was ich kann? ‚Teekwanndooh', verkündet Marie beiläufig beim sonntäglichen Brunch.
„Hä?"
„Ich kann ‚Teekwanndooh' so aussprechn, dasses klasse klingt, sagt der Meister. Und wer Teekwanndooh klasse aussprechn kann, darf Teekwanndooh auch erstklassig ausprobiern."
„Hä?"
„Von kampfunfähig bis echt kaputt! Find' ich irre."
„Hä?"
Die Hä's stammen von meiner Frau. Sie hat den Mund gerade voll. Lachsbrötchen mit einem Hauch Kaviarmousse. Aber „Hä" kriegt sie gerade noch links am Lachs vorbei.
„Der Kurs fängt morgen an. Nach der Schule. Dieter-Thomas nimmt mich mit."

Weil meine Frau kautechnisch nun selbst ihr minimalistisches „Hä" nicht mehr loswird, reiße ich den Dialog an mich: „Was ist denn das – Teekwanndooh?"
„Chinesisch."
„Du willst chinesisch lelnen?" Ich bin spontan gerührt. Meine Tochter! Welch Weitblick angesichts der weltwirtschaftlichen Verhältnisse! Ich drücke ihr einen ehrfürchtigen Kuss auf die Wange, den sie mit einer fahrigen Handbewegung gleich wieder wegwischt.
„Nich chinesisch! Teekwanndooisch!"
„Ja, aber …"
„Kostet türlich was. Der Meister will schließlich leben. Er kommt aus Kingkong."
„Ich schätze: Hongkong. Kingkong ist ein Affe", wirft ihre Mutter ein und wirft sich ein paar kandierte Erdnüsse in den Mund, die beim Kauen richtig krachen.
„Stimmt, der Meister wirkt wie 'n tierischer Typ", grübelt Marie daraufhin laut vor sich hin.
„Wilkt er wie ein Yeti?" Mein vorsichtiger Versuch, unbegrenztes Wissen zu dokumentieren.
„Yeti is 'n Tee, Papi", korrigiert mich Marie nachsichtig.
„Sage ich doch, das Ganze heißt Tee-kwanndooh."
„Nun iss endlich was!" Meine liebe Frau will nicht, dass ich unser Kind noch mehr verwirre. Ich entscheide mich für eine durch und durch bodenständige Bulette.
Tief in der Nacht schleiche ich mich heimlich an den Computer, um das Geheimnis mithilfe des Internets zu lüften: „Taekwondo stammt wie Judo, Kung Fu und Karate aus der Wiege aller Kampfkünste." Wiege? Was haben Kampfkünste in der Wiege zu suchen? Und dann steht da noch, dass man Taekwondo mit Händen und Füßen, Armen und Beinen betreibt. Es wird ja immer schlimmer! Genauso nämlich redet Marie: mit Händen und Füßen, Armen und Beinen – wahrscheinlich kann sie längst Taekwondo, und wir haben das bloß nie gemerkt!

„Marie macht uns was vor", zische ich meiner Frau zu, die zwar längst schläft, aber vorgibt, stets ein offenes Ohr für sämtliche Belange der Familie zu haben.
„Das merkst du erst jetzt?", murmelt sie.
„Nein. Ja. Nein."
„Sie ist halt ein aufgewecktes Kind."
Bis zum Morgengrauen – Grauen, sehr richtig! – träume ich von einer kompakten Kampfmaschine auf zwei Beinen. Dann weckt uns Marie. „Hab Tee für euch gemacht. Prost."
„Yeti-Tee?" Ich nun wieder.
„Öhrli-Mornink-Tiii. Und dafür lasst ihr mich mit Dieter-Thomas teekwanndoohen gehn. Heute Nachmittag. Ihr werdet euch wundern!"
Mich wundert gar nichts mehr.
„Und wenn Klausi anruft?" Ihre Mutter denkt aber auch an alles. „Was sag ich ihm dann?"
„Dass er schon mal anfangen soll zu beten."
Wir schlürfen den Tee in einträchtigem Schweigen. Irgendwann hallt ein „Tschüss" durch die Wohnung, dann knallt die Eingangstür zu. Das war Maries Abgang.
„Ist vielleicht gar nicht schlecht für ihre körperliche Entwicklung", überlegt meine Frau.
„Und es trainiert ihre mitmenschliche Toleranz", ergänze ich.
„Toleranz?"
„Ja, Minderheiten gegenüber."
„Chinesen sind keine Minderheit."
„Ich habe speziell an diese beiden schwulen Chinesen gedacht."
„Welche?"
„Yin und Yang."
„Das sind doch Automarken!"
„Gloßel Illtum!"
Normalerweise kehrt Marie gegen zwei Uhr heim. Da ja nun heute der Meister ruft, rechnen wir gegen vier mit ihr, aber gegen sechs Uhr ist sie immer noch nicht da. Gegen sieben

klingelt es an der Haustür. Draußen steht Dieter-Thomas und schaut schuldbewusst aus seiner Designer-Wäsche.
„Wo ist Marie?" Mein Ton ist ernst.
Er deutet stumm auf das Taxi am Straßenrand.
„Was ist mit ihr?"
Er senkt den Blick bis auf die Fußmatte.
„Rettet mich", dröhnt es aus dem Wageninneren.
„Sie hat Muskelkater", murmelt Dieter-Thomas verlegen. „Ein Akt überfälliger Selbstreinigung, meint der Meister."
Wir schleppen Marie zu dritt ins Wohnzimmer. Dieter-Thomas sucht noch einen Augenblick nach Worten des Mitleids – und als er keine findet, sucht er überstürzt das Weite.
„Tröstet mich", stöhnt Marie.
„Bist du bloß kampfunfähig oder echt kaputt?", frage ich, weil ich an ihre Jubelhymne gestern beim Brunch denken muss.
„Bettet mich", fleht Marie nun. „Ich leide. Los!"
„Da war doch noch was ..."
„Bitte!"
Na bitte – oder finden Sie, eine in dieser Situation relativ unsensible Erziehungsmaßnahme?
Ihre Mutter steckt sie erst in die Wanne und dann in die Federn. „Schlaf gut", raune ich Marie noch zu, „und träum was Schönes. Wann geht's denn weiter?"
„Was, Papi?"
„Dein Training."
„Damit is Schluss."
„Keine Lust mehr?"
„Hab Hausverbot, sagt der Meister."
„Echt?"
„Hab ihn beleidigt, sagt der Meister."
„Womit?"
„Mit meinem Abschiedswort."
„Was hast du denn gesagt?"
„TeekwannDOOF!"
Eine relativ sensible Bemerkung, finde ich zumindest?

16 Was tun Kinder, wenn sie keinen Kinderteller kriegen?

Meine Frau und ich mögen Nobellokale – trotz der Nobelpreise. Leider sind wir dort nicht sonderlich beliebt, weil wir eben mit Kind anstatt mit Hund erscheinen und das Kind nicht brav unterm Tisch liegt. Der Ärger fängt gewöhnlich schon beim Empfang an. „Die Herrschaften haben reserviert?", nölt der Maître und wedelt mit seiner schweinsledernen Gästeliste. „Die Herrschaften habn Hunger", verkündet Marie und schaut gleich mal im Ladies Restroom nach dem Rechten. Denn nur wenn die Toiletten reinlich sind und die WC-Musik

klassisch ist, hat sie Vertrauen in die Küche des Hauses.
„Unser Haus ist stets mindestens eine Woche im Voraus ausgebucht", erklärt uns der Maître. „Mit Verlaub: Sie können hier keineswegs ohne ..."
„Verrat ihm nich, dass du Kritiker bist", flüstert Marie so laut, dass man es bis auf die Straße hören kann. „Die Klos sind übrigens ganz ordentlich. Drei Sterne."
Auf diese Art und Weise gibt man uns immer den besten Tisch im Saal.
„Marie", zischt meine Frau, „ich sage es dir zum allerletzten Mal: Schluss mit dieser üblen Nummer! Ich finde sie unendlich peinlich!"
„Peinlich? Praktisch isse", beharrt Marie. „Du weißt doch, ich hab's mal im Fernsehen gesehn, und da klappte es auch dauernd. Dürfte ich bitte 'ne Brause?"
Der Oberkellner tritt auf wie ein Staatspräsident. Marie fragt ihn als Erstes, ob das Ding da am Hals noch von seinem Abendessen stammt.
„Marie", zische diesmal ich, „das ist ein Adamsapfel."
„Also Nachtisch, kapiert." Marie nickt dem Oberkellner freundlich zu. „Schlucken Sie ruhig erst runter, bevor ich bestell, ich wart so lange."
Dem Mann fällt die Kinnlade förmlich bis zu seinem Adamsapfel. Als er sich wieder gefasst hat, offeriert er uns kurz angebunden und ein wenig trotzig, was der Chefkoch diesmal wieder angerichtet hat.
„Ich möcht bitt'schön 'nen Kinderteller", räuspert sie sich nun vernehmlich.
„Pardon, dies ist ein Feinschmecker-Restaurant, junge Dame", entgegnet der Oberkellner, nun wieder ganz in seinem Element.
„Auch Kinder können feinschmecken", belehrt ihn Marie und setzt noch einen drauf: „Sie haben wohl keine?"
„Wie bitte?"
„Keine Kinder?"

„Oh nein", stöhnt der Mann und wirkt für Sekunden richtig erleichtert, wobei er sich den Zusatz „Gott sei Dank" gerade noch verkneifen kann.
Wir bestellen Barbarie-Ente à la Maison. Dann beruhigen wir Marie, dass Barbarie nichts mit Barbarei zu tun hat. Danach müssen wir den Oberkellner beruhigen, weil Marie auf Räuber-Hotzenplotz-Schnitzel mit Pommes besteht.
„Geben Sie ihr ruhig einen Hauch Ente an Rapunzel-Parfait", schlage ich vor. „Man muss die Kinderzunge ja schulen."
„Aber mit viel Ketchup", fordert die Kinderzunge nachdrücklich.
„So etwas führen wir nicht." Die Augen des Oberkellners beginnen leicht zu flackern.
„Komischer Laden", findet Marie.
Der Wein ist ein 68er und agiert in meinem Magen entsprechend revolutionär. Dafür handelt es sich beim Geflügel tatsächlich um eine Barbarei-Ente – sie ist zäh wie Leder. Meine Frau kaut und grübelt: „Womöglich sind wir gourmetmäßig nicht auf dem Laufenden und der Kenner bevorzugt inzwischen beißintensive Kost?"
Marie fordert – nun von uns – doch lieber Hotzenplotz-Schnitzel mit Pommes. Der Oberkellner macht einen großen Bogen um uns. Dafür naht der Maître. „Ich hoffe, es mundet, Gnädigste", flötet er meiner Gattin quer über den Tisch zu. Mich fragt er, was in meinen Kreisen denn so geplaudert wird. Und von Marie will er wissen, welches Dessert sie bevorzuge, vielleicht ein Walnuss-Sorbet mit einem Spritzerchen Erdbeermark? Wir schweigen wie unbeteiligt, denn Marie ergreift das Wort.
„Die Ente war lausig hart."
„Wie originell", amüsiert sich der Maître. „Erfrischend originell! Wir haben so selten Kinder unter unseren Gästen. Zu uns bringt man eher mal sein Hündchen mit."
„Und wie schmeckt's den Hündchen hier?", fragt Marie teilnahmsvoll.

17 Darf man Sex gleich an die große Glocke hängen?

Der Elternabend in der Schule sollte Alternabend heißen, denn wir altern jedes Mal um etliche Jahre. Nicht, dass die anderen Mütter und Väter unsympathisch wären. Im Gegenteil, manche sind netter als ihre Kinder. Aber ein ordentlicher Elternabend hat eben eine Tagesordnung – und die hat es in sich.
„Worum geht es denn diesmal?", fragt meine Frau, als Marie ihr wortlos die Einladung hinhält.
„Erst quittiern."
Maries Lehrerin, das Fräulein Doktor Müller-Heinrich, hat dieses System eingeführt, damit kein Elternteil Unkenntnis vortäuscht, um der Veranstaltung fernbleiben zu können.

„Nein, erst verraten, sonst bereue ich vielleicht meine Unterschrift und dein Papa lässt mich auch keine Kreditkarten mehr signieren."
Marie errötet leicht. „Ich sag nur ein Wort."
Welches?"
„Sechx."
„Sex?"
Marie wird noch ein wenig röter. „Wegen der Jungs."
„Welche Jungs?"
„Die aus der letzten Bankreihe."
„Was haben die Jungs aus der letzten Bankreihe mit Sex zu tun?"
Marie leuchtet nun wie ein roter Luftballon.
„Die haben diese Dinger mitgebracht."
„Was für Dinger?"
„Kon..., du weißt schon."
Nun wechselt auch die Gesichtsfarbe meiner Frau. „Her damit, ich unterschreibe." Rot werden will sie vor Zeugen auf keinen Fall. Ihre Tochter befindet sich nämlich gerade in einer äußerst genierlichen Phase.
Der Elternabend beginnt wie immer mit Anträgen zur Geschäftsordnung. Ein Vater aus dem höheren Management – er hat seinen Pilotenkoffer aus Schlangenleder dabei – verlangt die sofortige Vertagung, da zunächst ein psychologisches Gutachten eingeholt werden sollte. Ohne dieses Gutachten lehne er es kategorisch ab, das heikle Thema öffentlich zur Diskussion zu stellen. Doch er wird per Handzeichen überstimmt und verlässt daraufhin den Klassenraum, nicht ohne seinen Pilotenkoffer zu vergessen und gerichtliche Schritte anzudrohen. Dann meldet sich der Elternbeiratsvorsitzende zu Wort. Er möchte „eine Polarisierung der Meinungen" vermeiden, plädiert darum für die Beendigung der Debatte und schlägt vor, über das nächste Sommerfest und dessen Programmabfolge zu plaudern. Die stämmige Mutter einer der Jungs aus der letzten Bankreihe schwört, ihr Sohn habe die Problem-

teile garantiert nicht angefasst – und will von Fräulein Doktor Müller-Heinrich wissen, ob Fingerabdrücke genommen worden sind. Diese verneint mit Nachdruck und legt Wert darauf, dass man das Wort „Nachdruck" im Protokoll durch Unterstreichung hervorhebt. „Vielleicht können wir die Aussprache zeitlich so begrenzen, dass noch Gelegenheit bleibt, über das geplante Sommerfest …", setzt der Elternbeiratsvorsitzende erneut an, wird dabei aber von einem Pfeife rauchenden Vater rüde unterbrochen: „Ich will die Dinger sehen, von denen dauernd die Rede ist! Die Auswahl der Marke lässt Rückschlüsse auf die Preislage zu, und wir brauchen dann nur noch die Höhe des Taschengelds bei den Verdächtigen abzufragen, schon wissen wir …" Der Rest geht in Tumulten unter. Meine Frau genießt das lebhafte Geschehen um uns herum. „Heute Abend ist eh kaum etwas Gescheites im Fernsehen", schreit sie mir ins Ohr, „und gleich kommt bestimmt auch der Hausmeister, weil er um die bauliche Substanz der Anstalt fürchtet." Der Hausmeister kommt tatsächlich – er hätte es besser gelassen.

„Sind Sie nicht derjenige, der die Kinder mit den Problemteilen angeblich erwischt hat?", giftet ihn die stämmige Mutter an. „Und hatten Sie im Ernst nichts Besseres zu tun, als die Problemteile an die große Glocke zu hängen? Ich finde Ihr Verhalten empörend!" Tumulte bisher unbekannten Ausmaßes folgen.

„Wenn wirklich kaum etwas im Fernsehen ist", brülle ich meiner Frau zurück ins Ohr, „warum gehen wir zwei nicht einen trinken?"

„Jetzt und auf der Stelle?"

„Zum Beispiel."

Endlich mal ein Elternabend, der diesen Namen verdient.

18 Wie kommt ein kommunikatives Kind mit allen seinen Terminen klar?

Wir haben seit letzter Woche einen digitalen Hightech-Anrufbeantworter und einen dieser fabelhaften neuen Terminkoordinationsplaner. Denn anders kriegen wir Maries vielfältige Freizeitgestaltung nicht mehr in den Griff.
Wer bei uns anruft, hört folgende Ansage: „Guten Tag. Sie sprechen mit dem Kinderzimmer-Vorzimmer von Marie. Marie selbst ist im Moment so beschäftigt, dass sie leider nicht an den Apparat kommen kann. Bitte nennen Sie uns Ihren Namen, Ihre Telefonnummer und Ihre Terminwünsche. Wir werden bemüht sein, diese Wünsche mit den bereits feststehenden Planungen Maries in Einklang zu bringen und rufen gegebenenfalls zurück. Bitte sprechen Sie nach dem Piepton."

Abgehört wird der Anrufbeantworter im Stundenrhythmus. Meine Frau hat ihre eigenen Telefonate auf ein Minimum reduziert, um die Leitung rund um die Uhr frei zu halten. Ich telefoniere sowieso nur noch mit dem Handy oder aus der Telefonzelle gegenüber. Marie findet das System zwar nach wie vor nicht optimal, honoriert unsere Bemühungen aber durchaus: 15 Minuten pro Tag bleiben in ihrer Verabredungsliste ausschließlich für „Mutter-Vater-Kind-Kontakte" reserviert.
Nach einer Versuchsphase von sieben Tagen lassen sich bereits erste Ergebnisse der Anrufbeantworter-Terminkoordinationsplanung mitteilen. So beispielsweise am letzten Samstag: 7.34 Uhr: „Hier spricht Maries beste Freundin Flora", vertraut Maries feste Feindin dem Band an. „Was ist mit Heute-Abend-zusammen-bei-euch-Schlafen? Meine Eltern wollen ausgehen und ihr geht samstags ja bekanntlich nie aus, sagt meine Mutter, da würde das gut passen."
Um Punkt acht Uhr wankt meine Frau zum Anrufbeantworter und nimmt die Nachricht zur Kenntnis. Ein Blick auf den Terminkoordinationsplaner neben dem Apparat genügt: Als heutiger Schlafgast ist bereits eine Luisa-Katharina fest gebucht. Nach kurzem Abstimmungsgeplänkel sagt Marie hoffnungsvoll: „Lass doch beide kommen, zu dritt gibt's geilere Äkschn."
Ihre Mutter befürchtet: „Dann geht dein Vater zur Fremdenlegion."
Kurz darauf erfolgt der nötige Rückruf bei Flora, deren Erziehungsberechtigte zu dieser frühen Stunde noch nicht zu sprechen sind.
„Ich wäre bereit, dir als Zusammenschlaftermin den nächsten Donnerstag anzubieten", sagt Maries gut koordinierende Mutter.
„Aber da wollen meine Eltern doch gar nicht ausgehen", wehrt Flora ab.
„Aber wir, also könnte Marie wunderbar bei euch übernachten. Klär das bitte."

Flora mault und hält Schlafbesuch auf einmal für dämlich.
8.55 Uhr: Klausi spricht aufs Band. „Verzeihen Sie diesen taktlosen Zeitpunkt", sagt Klausi schüchtern, „aber es pressiert. Kann bitte jemand ...?" Pause. So sehr pressiert es also doch nicht. „Ich gedenke, heute ins Kino zu gehen", fährt Klausi schließlich zögernd fort, „und wollte fragen, ob Marie mich eventuell begleiten möchte? Antwort zwecks Kartenbestellung möglichst bis mittags. Auf Wiedersehen und schöne Grüße an die Familie." Auch am Anrufbeantworter ist Klausi die Höflichkeit in Person. Zur nächsten vollen Stunde höre ich das Band ab und überbringe Marie die Botschaft.

„Warum sagt die Träne nich, welchn Film er meint", regt sie sich auf. „Dauernd muss man nachfragn."

„Warte eine Sekunde", sage ich, „besser, wir schauen erst einmal auf den Terminkoordinationsplaner, ob du am Nachmittag überhaupt frei bist. War da nicht ein Picknick bei Viola?"

„Picknick?", fragt Marie konsterniert. „Davon weiß ich nix." Aber es stimmt: Die Zeit zwischen 15 und 17 Uhr ist längst geblockt. Kein Picknick, aber Kindergrillen. Immerhin.

„Die haben bestimmt wieder diese blöden Rippchen", murrt Marie. „Ich glaub, Kino is besser. Ärger mich trotzdem, dass ihr mich nich über die Kokelei bei Viola informiert habt. Rechtzeitig, mein ich."

„Ist in all dem Terminstress wahrscheinlich untergegangen", entschuldige ich unser Versagen. „Aber wir haben für dich fest zugesagt, also musst du da auch hin. Grillen ist doch was Nettes."

„Ihr kennt diese Rippchen nich", stellt Marie fest, greift sich das Telefon und wählt Klausi an.

„Heh, du Penner", keift sie ohne jedes Wort der Begrüßung, „was willste denn gucken? ... Wie heißt der Film? Wirklich? Na schön, komm um drei Uhr her, mein Vater fährt uns dann hin. Wiederhörn."

„Weiß dein Vater das denn schon?" Ich reagiere leicht säuerlich. „Und was passiert mit Violas Rippchen?"

„Pupsegal, die hat mich eh nur eingeladen, damit ich ihr Tasso vom Leib halte."
„Ist das ein Hund?"
„Nee, das is 'n Bruder, der findet mich toll. Und während Tasso mich toll findet, hat Viola ihre Ruh."
Maries Mutter erklärt sich nur widerwillig bereit, Violas Mutter weiszumachen, dass Marie nun leider doch verhindert sei, „obwohl sie die leckeren Rippchen doch so rasend gern mag". Meine Frau wirkt einfach immer so überzeugend!
10.17 Uhr: Dieser Anruf ist ausnahmsweise nicht für Marie. Eine frühere Kollegin meiner Frau möchte mit ihr plaudern, doch sie lehnt ab: „Ruf doch bitte, wenn es irgendwie geht, heute Abend nach zehn Uhr noch mal an, dann können wir in aller Ruhe ..."
Die Kollegin legt ziemlich pikiert auf.
10.58 Uhr: Viola ist dran. „Ich wollte nur melden, dass Marie ruhig kommen kann, es gibt keine Rippchen. Und außerdem liebt Tasso sie rasend."
Marie empfiehlt, die Botschaft nicht weiter ernst zu nehmen und so zu tun, als sei niemand zu Hause.
11.47 Uhr: Es ertönt die Stimme von Dieter-Thomas, dem Karrierefrauensohn plus Dad in London. Er spricht mit unserer Hightech-Maschine, als würden sich die beiden schon jahrelang kennen. „Hör zu, du tumbes Teil, hier ist DT, meine Mutter hat eine Einladung zu 'ner Vernissage, heut so gegen fünf. Da bringen alle Leute ihre Kids mit, weil es sich um naive Kunst dreht, you know? Wenn Mary mit will, soll sie sich ordentlich stylen, also, Mary, call back!"
Marie flippt aus. „Werniesaaasch is garantiert was Superkuuuhles! Ich muss Die-Tie sofort beckkorlen! Fetzige Mutter, die er da hat, ehrlich!"
„Und Klausi?", wage ich einzuwerfen. „Du willst den armen Kerl doch nicht etwa ..."
„Ach so." Marie lässt den Hörer auf die Gabel zurückplumpsen. „Das Kino is bis fünf Uhr wohl noch nich aus, oder?"

Ich schüttele zweifelnd den Kopf.
„Kannste mich denn vielleicht da abholn und direkt zur Werniesaaasch …"
„Ungestylt?"
„Auch wieder wahr." Marie verfällt in ernsthaftes Grübeln.
13.41 Uhr: Schon wieder Dieter-Thomas. „Mary, melde dich, los." Weil Marie den Hörer nicht abnimmt, redet DT zum zweiten Mal mit der Maschine. Sorry, teilt er ihr mit, seine Mutter müsse das mit der naiven Kunst abblasen, anderer Termin, wichtiger. „Also: Hallöchen."
„Das ist mir 'ne Mutter", grummelt Marie, „von wegen fetzig."
Dann steht Klausi vor der Tür und bedankt sich wortreich dafür, dass ich ihn und seine Begleitung zum Kino chauffieren wolle. Ich will zwar nicht, muss aber wohl.
Anschließend herrscht totale Funkstille. Kein Anruf. Meine Frau sitzt auf der Stuhlkante und traut dem Frieden nicht. Ich erwäge schon, bei der Störungsstelle nachzufragen. Zum Glück klingelt das verdammte Telefon um 17.05 Uhr endlich wieder.
„Ich muss Marie sprechen", fordert eine barsche Knabenstimme. „Unbedingt."
Wir lehnen uns genüsslich zurück.
„Du bist da, Marie, geh gefälligst ran."
Wir zucken mit den Schultern.
„Ich bin's doch, Tasso."
Aha, der kleine Bruder, der kein Hund ist.
„Viola sagt, ich soll dir sagen, noch sind genug Würzwürstchen da. Aber nicht mehr lange!"
„Ob ich ihn erlöse und …", überlege ich.
„Um Himmelswillen, nein!", erregt sich meine Frau. „Am Ende will er noch einen anderen Termin machen, und was mache ich, wenn ich ihn dann nicht zufriedenstellend unterbringen kann?" In Ordnung, überzeugt.
Anstatt in Ruhe die Sportschau anzuschauen, muss ich Klausi & Co. vor dem Kino aufpicken.

„Hat jemand für mich angerufen?", fragt Marie schon beim Einsteigen.
Ich verneine.
Kaum zu Hause, springt der Anrufbeantworter gerade wieder an. Luisa-Katharina. „Marie? Was Panikmäßiges: Stell dir vor, eben ruft deine beste Freundin Flora bei uns durch. Ihre Eltern wollen, dass sie bei mir schläft. Ich sag ihr ganz freundlich, dass ich leider nicht da bin, weil ich bei dir übernachte. Da wird die giftig, das wär gemein, sie hätt viel mehr Recht, bei dir zu schlafen, und ich soll mich nicht dauernd zwischen euch drängeln! Hör mal, Marie, lass deine Mutter bloß schnell bei Floras Mutter Bescheid geben, dass wir das doch schon vor einer Woche ..."
Meine Frau drückt die Aus-Taste auf dem Anrufbeantworter – mitten in Luisa-Katharinas Redeschwall. Darauf konzentriert, nicht die Fassung zu verlieren, schaut sie uns an: „Keine Sorge, ich bin ganz ruhig. Aber jetzt steige ich in den Keller und kriege meinen Blutrausch. Holt mich gefälligst nicht vor Ablauf von 24 Stunden wieder rauf."
„Gut", nickt Marie, „aber vorher verrat mir noch: Was hab ich morgen alles vor?"

19 Wieso muss immer alles wahr sein, was man so erzählt?

Angeblich soll es Kinder geben, die nur reden, wenn sie gefragt werden. Ich frage Sie: Wer setzt bloß solche Lügen in die Welt? Marie redet immer. Und weil das noch nicht genug ist, redet Marie auch im Schlaf. Um sicherzugehen, dass man ihr dabei zuhört, stellt sie einen am nächsten Tag zur Rede.
„War's spannend, was ich im Traum erzählt hab?"
„Mir ist vor Schreck das Blut in den Adern geronnen", antwortet ihre Mutter.
„Ganz schön grausig, oder?" Marie weiß nicht recht, ob sie geschmeichelt oder misstrauisch schauen soll.
„Grausig ist gar kein Wort, aber du hast dich fabelhaft geschlagen, alle Achtung."

„Stimmt", grummelt Marie und versucht verzweifelt, sich zu erinnern. „Was hat dir denn am besten gefalln?"
„Du, ich bin vorzeitig in Tiefschlaf gesunken, vor Entsetzen! Aber ich sehe deinen Vater noch vor mir, Schweißperlen der Angst auf der Stirn. Ihr müsst mir unbedingt verraten, wie die Sache ausgegangen ist."
„Kann er machen", wehrt Marie ab, heilfroh, den Schein nächtlicher Eigenpräsenz zu wahren. „Hab keine Lust, mich dauernd zu wiederholn, das musste verstehn."
Tagsüber erzählt Marie gerade am liebsten Schicksalsgeschichten. Die sind derart eindrucksvoll, dass alle Welt daran glauben muss.
„Die Eltern von Bernie aus der Parallelklasse haben 'n eigenes Flugzeug", lässt sie uns beim Abendessen wissen. „Blöderweise sind sie damit abgestürzt."
„Wie furchtbar", entfährt es meiner Frau. „Sind sie schwer verletzt?"
„Verstümmelt", betont Marie. „Bernie muss jetzt ins Heim."
„Und seine Verwandten?" Ich kriege vor Mitgefühl keinen Bissen mehr runter.
„Die wolln ihn nich", informiert sie uns weiter. „Er ist zu lebhaft."
„Welche Tragik", meint Birgit erschüttert. Und: „Nur komisch, dass davon nichts in der Zeitung steht."
Es steht davon nichts in der Zeitung, weil davon nichts stimmt. Bernies Eltern werden quicklebendig beim Shoppen gesichtet.
„Na ja", lenkt Marie daraufhin ein, „könnt aber alles so gewesen sein. Bernie will mal Düsenjäger werden, und ich hab gedacht, das hat er vom Vater, und wenn der Vater ..."
„Marie", rüge ich ratlos, „du kannst uns unmöglich derartige Lügengespinste auftischen! Wir haben dir jedes Wort geglaubt!"
„Das will ich doch hoffen", sagt Marie stolz. „Gute Geschichten sind eben gute Geschichten, auch wenn sie nich ganz stimmen."

Ich glaube, aus meiner Tochter wird mal eine Top-Journalistin.

„Ich hab jetzt 'nen neuen Verliebten", offenbart Marie bei anderer Gelegenheit, „es is nich Klausi, nicht Dieter-Thomas und erst recht nich Tasso – mein Verliebter heißt Gottfried."
„Oh Gott", rutscht es ihrer Mutter raus.
„Gottfried", korrigiert Marie, „und er möchte euch unbedingt die Hand schütteln."
„Woher kennst du den denn?", frage ich, aufs Höchste alarmiert. Man liest ja die unglaublichsten Dinge.
„Vom Eisladen", gurrt Marie, „er hat mir eine Tüte spendiert. Wir mögen beide am liebsten Waldmeister."
„Davon ist keine Silbe wahr", zischt meine Frau mir zu, „sicher wieder eine ihrer wilden Geschichten." Klar, dass Marie das mitkriegt, klar, dass es zum Crash kommt.
„Ich bind euch doch keinen Bären auf! Verliebt is verliebt, damit spaßt man nich!"
Anschließend heult sie ein bisschen, und wenn ich es richtig verstehe, was sie zwischendurch keucht, dann will sie sofort ausziehen.
„Zu Gottfried?", fragt meine Frau spitz. „Na, der wird sich bedanken."
In der folgenden Nacht redet Marie nicht im Schlaf. „Könnt euch so passen", trompetet sie am nächsten Morgen, „mir im Dunkeln Geheimnisse entlocken! Kein Wort erfahrt ihr mehr von Gottfrieds Verliebtheit und damit basta!"
„Vielleicht stimmt die Sache ja doch." Ich schaue Birgit zweifelnd an. „Erfinde du mal so einen Namen wie Gottfried."
„Das macht Marie mit links, denk an Bernies verstümmelte Leichen." Auch wieder wahr.
Wir lernen Gottfried beim Einkaufen kennen. Er begrüßt Marie mit Handschlag und will ihr gleich ein Eis spendieren. Gottfried gesteht, sein Name sei ihm ein wenig peinlich, aber Marie habe nicht darüber gelacht, und darum liebe er sie.

„Hat Marie mich schon mal erwähnt?", fragt Gottfried und wird rot. „Kann ich mir aber fast nicht vorstellen, weil sie doch so ein stilles Mädchen ist."
„Sehr still", sagt meine Frau.
„Sei still", sage ich.
„Ich muss euch auf der Stelle die Sache mit Sarah verratn", sagt Marie und hat Gottfried schon fast wieder vergessen. „Is 'n großes Geheimnis: Sarah findet bei sich im Garten 'ne Leiche, das heißt, eigentlich sind's sogar zwei, wenn man ..."
Ich hole inzwischen vier Mal Waldmeistereis.

20 Gibt es auf See außer Fisch auch jede Menge Fun?

Wir haben eine Mutter-Vater-Kind-Kreuzfahrt im Preisausschreiben gewonnen. Im Mittelmeer. Im Sommer. Schuld ist meine liebe Frau. Wo auch immer „Mitmachen und abkassieren!" draufsteht, fühlt sie sich angesprochen. Seit Maries Geburt geht das so. „Er wird kommen, der Tag", verkündete sie bei jeder abgeschickten Postkarte, „und dann werdet ihr mir abgöttisch dankbar sein."

Als nach drei Jahren ein Pürierstab eintrifft, wertet sie ihn als hoffnungsvolles Omen. Als nach sechs Jahren ein Messer-Set eintrifft, nimmt sie mich beiseite und sagt: „Man muss am Ball bleiben, wart's nur ab." Als jetzt die Kreuzfahrt-Botschaft eintrifft, nehme ich Baldrian forte. Mit unserem Kind auf einem Schiff – ob es auch Baldrian grande fortissimo gibt? Marie enthält sich anfangs jeden Kommentars. Die Sache scheint ihr ziemlich dubios. Der Gewinn selbst spricht sich

gleichwohl in Windeseile herum. Als Erster ruft Klausi an und gratuliert „im Namen meiner Familie, weil wir froh sind, dass es im Mittelmeer mehr Heringe als Haie gibt". Als Nächster ist Dieter-Thomas in der Leitung und will wissen, wie oft wir Lissabon anlaufen.
„Lissabon", sage ich, „liegt eigentlich nicht am Mittelmeer."
„Na ja, das kann sich ja noch ändern", antwortet er wie immer selbstbewusst. „Auf jeden Fall haben die da geile Golfplätze."
Maries feste Feindin Flora schickt eine kurze E-Mail: „Auf See braucht man vor allem Abendgarderobe. Schade, dass du keine hast, geliebte Freundin."
Der letzte Anrufer heißt Herbert, „aber meine Freunde nennen mich Herby. Sie müssen Mary unbedingt ausrichten, dass Kreuzfahrten pula sind".
„Pula?"
„Pupslangweilig."
„Herbert", frage ich freundlich, weil der Baldrian schon zu wirken beginnt, „bist du ein Freund von Marie?"
„Noch nicht. Aber ein Sohn vom Kapitän."
Anstandshalber notiere ich im Tagebuch Herbys pula-Kürzel. Wir machen die Kreuzfahrt dann aber trotzdem. Die Kabine ist so klein, dass einer von uns in der Hängematte schlafen muss.
„Mutter-Vater-Kind-Kreuzfahrten", erklärt der Steward, „sollen ja auch einen gewissen Abenteuer-Charakter haben."
Beim Seenot-Rettungswesten-Appell auf dem Achterdeck lernen wir Gretemeiers kennen. Mutter, Vater, drei Marie-kompatible Töchter. Die Gretemeiers verfügen im Unterschied zu uns über bezahlte Tickets und eine Suite mit eigenem Whirlpool.
„Swiieht? Wöhrlpuhl?" Marie findet das hochinteressant. Als die Einladung zum Käpt'n-Dinner kommt, bin ich heilfroh, dass ich ihr Herbys pula-Anruf unterschlagen habe. Das Käpt'n-Dinner entpuppt sich als Abendessen mit Konversationszwang. Marie muss gezwungen werden, wenigstens hin

und wieder den Mund zu halten. In diesen Momenten der Stille kommt der Käpt'n auf einen seiner zahllosen Söhne zu sprechen. „Herbert wird zehn Jahre alt und hat gestern gemorst: Ich bin unsterblich in ein Mädchen namens Mary verschossen. Entzückend, oder?"
„Ich kenn auch so 'n Herbert", schnauft Marie mir säuerlich zu. „Nennt sich Herby." Dann tippt sie sich gegen die Stirn. Ich notiere „pula" im Bordbuch. Das Fünf-Gänge-Menü mundet meiner Frau ausgezeichnet. Ich hätte durchaus noch einen sechsten Gang vertragen. Marie dagegen findet, so ein Käpt'n-Dinner ist viel zu viel Arbeit. Ein Käpt'n-Döner wäre ihr eindeutig lieber.
Vor Kreta – oder handelt es sich um Malta? – werden die meisten Passagiere ausgebootet. Da ich mich von niemandem ausbooten lasse, bleiben wir an Bord. „Seh ich die Leute jemals wieder?" Marie hat *Titanic* geguckt und rechnet seitdem mit dem Schlimmsten. Aber das Einzige, was irgendwann untergeht, ist die Sonne.
Immerhin dürfen Gretemeiers und wir den Leichtmatrosen beim Anker-Putzen helfen. Da das Schiff zwei davon hat (ich meine die Anker, nicht die Leichtmatrosen), nimmt die Schufterei kein Ende. „Das ist ein wesentlicher Bestandteil der Abenteuer-Komponente im Gesamtprogramm", lässt uns der leitende Schwermatrose wissen. Gretemeiers ziehen sich daraufhin kurzfristig in ihren Whirlpool zurück. Gemeinsam mit Marie. Meine Frau und ich putzen noch ein Anker-Eckchen, bevor auch wir unauffällig die Platte putzen.
In der Annahme, dass nunmehr der gemütliche Teil der Kreuzfahrt beginnt, gönnen wir uns Programmpunkt 33: „Je-ka-mi" auf der schiffseigenen Showbühne. „Je-ka-mi" heißt „Jeder kann mitmachen", und die Erste, die mitmacht, heißt Marie. Erbeten sei schöner Gesang, albert der Animateur, ob die junge Dame denn wohl ihre persönliche Interpretation von *Ein Männlein steht im Walde* darbieten wolle? Nein, das wolle sie keinesfalls, empört sich Marie, weil „Songs über

komische Gestalten, die still und stumm auf Lichtungen rumlungern, moralisch sehr bedenklich sind". Der Animateur ringt nach Worten, das Publikum rast vor Vergnügen, ich räuspere mir die Kehle wund, aber Marie bleibt on stage und stimmt ungerührt *Junge, komm bald wieder* an. Bei *Hinaus auf's Meer* liegt ihr der ganze Kahn zu Füßen und alle singen aus voller Kehle mit. Das Ende vom Lied? Der Käpt'n kürt Marie zur Kreuzfahrt-Queen, und Queen Mum – meine liebe Frau – kriegt vom Bordfriseur eine kostenlose Dauerwelle. Ich gehe wie immer leer aus. Zum Trost vertraut man mir auf hoher See die Brücke an. Die Brücke ist dort, wo der Horizont nach Eisbergen abgesucht wird. Ich probier ein paar Videospiele auf dem Radarschirm aus, aber die Bildqualität lässt zu wünschen übrig, und weil es anfängt zu regnen, die Eisberge also eh wegtauen, verliert auch der Horizont viel von seinem ursprünglichen Charme. Ich notiere „pula" im Logbuch. Unsere Kreuzfahrt-Queen lässt sich inzwischen auf dem Shopping-Deck label-mäßig herausputzen. Sie muss nicht einen Cent dazubezahlen, sondern lediglich ein dezentes Schildchen mit der Aufschrift „Sponsored by Bord-Boutique" auf dem Rücken tragen. „Ist das nicht ein Stück weit peinlich?", fragt Mutter Gretemeier – die, die eine Suite mit Whirlpool und drei Töchter ohne Label-Look hat. „Alle großen Stars werden geschponsatt", entgegnet Marie ungehalten. Mutter Gretemeier nickt daraufhin relativ wissend. Vater Gretemeier fragt mich später an der Bar, welche großen Stars denn überhaupt an Bord seien.
„Na, die berühmte Brünette, der dolle Dicke mit den dünnen Haaren und ..."
„Im Ernst?"
„Ja, der auch."
Beim Landgang offenbart uns Marie, dass sie den Kreuzfahrt-Queen-Job ziemlich satthat. „Ich möchte wieder euer süßes kleines Töchterchen sein", jammert sie. „Zur Not geb ich auch die geschponsatten Klamotten zurück. Ihr sollt nur vorher

Fotos schießen. Für Flora. Fürs Neidischfühlen."
Meine Frau umarmt unser armes Kind und ich verspreche, um emotional mithalten zu können, dass wir hier in Palma (oder Parma? Auf jeden Fall was mit Pa) keine einzige Kirche besichtigen werden. Wider Erwarten passt dieses Versprechen Marie aber ganz und gar nicht in den Kram.
„Ich will Kerzen anzünden, ganz viele."
„Für wen?"
„Klausi. Dieter-Thomas. Und so weiter."
„Und so weiter?"
„Gottfried."
„Der mit der Eistüte?"
„Jaha."
Meine Frau kichert und drückt Marie jede Menge Küsse auf Nase und Stirn. Damit ich nicht ganz leer ausgehe, kriege ich auch ein paar ab. Restbestände, gewissermaßen ... Dann kaufen wir einen großen Karton Kerzen. Im Dom (oder handelt es sich um eine Kathedrale?) lassen wir Marie nach Herzenslust kokeln.
„Bei aller Schnoddrigkeit", flüstert mir die frohe Mutter ins Ohr, „ist sie immer noch ein kleines Mädchen."
„Na ja."
„Jedenfalls manchmal."
„Biste sicher?"
„Neihein."
„Siehste."
Am letzten Tag der Mutter-Vater-Kind-Kreuzfahrt warten alle Passagiere auf die legendäre Wunderkerzen-Eisbomben-Polonaise der Köche und Kellner. Die kennt man schließlich aus dem Fernsehen. Aber die Köche und Kellner streiken.
„Typisch Mittelmeer! Auf der Ostsee wäre das nicht erlaubt", poltert Mutter Gretemeier, während Vater Gretemeier dem Käpt'n eine Klage wegen Vernachlässigung der Aufmarschpflicht androht. Im größten Protestgetümmel erhebt sich Marie und verschwindet unauffällig hinter der Bordküchentür.

Eine Minute später taucht sie wieder auf – mit einer einzigen Eisbombe und einer einsam brennenden Wunderkerze darauf, die sie stumm und würdevoll durch die Reihen trägt.
„Streikbrecher", mault einer der Köche.
500 Gäste springen vor Begeisterung auf die Tische. Die restlichen 200, die das Springen aus orthopädischen Gründen nicht mehr aufbringen, erklimmen zumindest ihre Stühle. Nur sieben (Stühle, nicht Köche) brechen dabei zusammen. Als die Wunderkerze erloschen und die Eisbombe zerflossen ist, hat Marie Hunderte dankbarer Hände zu schütteln. „Kind rettet Kreuzfahrtschiff vor Aufstand wütender Passagiere", titelt am darauffolgenden Tag die Zeitung von Korinth (kann auch die von Korfu gewesen sein).
Wieder zu Hause, muss Marie ihren Leuten haargenau berichten, wie das Rumschippern war.
„Wenn ich ehrlich bin", sagt sie am Telefon zu Klausi: „p..."
„Bitte nicht ‚pula'", platze ich panisch dazwischen.
„... perfekt", vollendet Marie den Satz.
Und zu mir gewandt: „Pula? Was is 'n pula?"
„Frag Herby."
„Ach der, der is doch pupslangweilig."

21 Hilft das kleine Jesulein gegen die biologische Uhr?

Marie wird bald neun Jahre alt, und weil sie dann ja kein Kind mehr ist, sondern echt erwachsen, sollten wir uns, findet sie, unbedingt ein neues Baby anschaffen – zur Not auch ein männliches, schließlich hat sie, wie sie sagt, dank Klausi, Dieter-Thomas, Gottfried & Co. genügend Erfahrungen im Umgang mit dieser anderen Sorte Mensch gesammelt.
„Ein Baby?" Meine Frau beißt vor Schreck in den Filter ihrer Zigarette.
„Wir?" Mir flutscht die Zeitung aus der schlagartig kraftlosen Hand.
„Ich helf euch auch beim Erziehen. Versprochen", lockt Marie. Während Maries Mutter hektisch das Rauchen ein- und sich aufs Nougat-Naschen umstellt, bin ich äußerst besorgt. Die Erfahrung nämlich lehrt: Immer dann, wenn Marie sich was in den Kopf setzt, ist extremste Vorsicht geboten. Mit anderen

Worten, man muss ihr die Baby-Idee auf der Stelle ausreden – sonst sind wir, haste nicht gesehen, guter Hoffnung.
„Marie", räuspert sich mein innerer Schweinehund, „deine Eltern sind viel zu alt für ein Baby. Die biologische Uhr hat längst ausgetickt. Rien ne va plus!"
„Ist das was Ekliges?"
„Das ist was Französisches." Ich versuche, halbwegs autoritär zu wirken. „Und es bedeutet: Nichts geht mehr."
„Och", murmelt die Mutter, just auf dem Rückweg von der Küche ins Wohnzimmer, „gehen tät schon was." Sie knabbert an ihrem Nougat und klingt fast ein bisschen aufmüpfig. Ich bin entsetzt und ernsthaft bemüht, ihre Bemerkung ersatzlos zu streichen. „Deine Mutter scherzt", rufe ich Marie zu. „Das ist wie mit den Bienen: Wer über 40 …"
„Bienen werdn keine 40", weist mich Marie zurecht. „Und außerdem willste bloß vom Thema ablenken."
Ich blicke ratlos in die Runde.
Meine Frau senkt den Blick– und Marie ändert ihre Taktik.
„Babys machen …", hebt sie an.
„Wie Babys gemacht werden", fahre ich peinlich berührt dazwischen, „ist hinlänglich bekannt!"
„Babys machen überhaupt keine Arbeit", setzt Marie erneut an. „Die schlafen dauernd, und wenn sie nich schlafen, gucken sie lieb."
„Du hast als Baby nie geschlafen", erinnere ich mich schaudernd, „aber geschrien wie am Spieß."
Marie zuckt mit den Achseln.
„Und lieb geguckt haben WIR!" Allmählich gerate ich richtig in Fahrt.
Marie zuckt wieder mit den Achseln.
„Mami", sagt sie alsdann zartstimmig, mich demonstrativ ignorierend, „du würdest doch so 'n Baby noch hinkriegn, oder?"
Ich ahne erneut Fürchterliches und werfe mich somit abermals dazwischen – verbal, versteht sich: „Zu einem Kind

gehören immer zwei!" Worte wie in Stein gemeißelt – die müssen doch gesessen haben?!
„Und das kleine Jesulein?", fragt Marie triumphierend. „Denkt mal an die unbeleckte Geburt! Haben wir grad in Religion."
Meine Frau seufzt.
„Mit andern Worten", fährt Marie unbeirrt fort, „Papa und sein Neewaplü sind für unser neues Baby überflüssig, stimmt's?"
Pardon, aber so kann ich den Fortgang der Diskussion keineswegs tolerieren.
„Eine unbefleckte Geburt kommt mir nicht ins Haus", gebe ich patzig in die Runde, „da kann ja jeder kommen." Erst mit Verspätung wird mir klar, dass ich in einem einzigen Atemzug sowohl ‚kommt' als auch ‚kommen' gebraucht habe. Hoffentlich stimmt Marie jetzt nicht *Ihr Kinderlein kommet* an ...
Tut sie nicht. Marie schaltet auf bockig.
„Wir sind 'n aussterbendes Volk! Und ihr seid schuld!" Rauschender Abgang Richtung Badezimmer.
„Religionsunterricht?", frage ich meine Frau.
„Sozialkunde", antwortet sie.
Was die heutzutage alles lernen ...
Erst im Ehebett, kurz vor dem Einschlafen, greife ich – nein, nicht was Sie denken! – die Angelegenheit noch einmal auf.
„Welcher Idiot hat Marie diesen Baby-Floh ins Ohr gesetzt?", nuschele ich ins Kopfkissen. „Falls es jemand aus deiner Familie war, Schatz, kann ich nur sagen: leichtfertig, unverantwortlich, illoyal."
„Meine Familie mischt sich niemals in unser Leben ein", lautet die spitze Antwort. „Aber was ist mit deinen Leuten? Kannst du die Hand für sie ins Feuer legen?"
Wir schweigen, wohl wissend, dass in unseren beiden DNA-Umfeldern ein paar ziemlich skurrile Figuren herumgeistern. Ich bin schon fast eingenickt, da rüttelt mich meine Frau heftig und flüstert: „Du, ich glaub, wir werden überwacht."
„MAD? Bundesnachrichtendienst? Amt für Verfassungs-

schutz?" Mehr Lauscher fallen mir auf Anhieb nicht ein. Als Mann der Taten steige ich furcht- und lautlos aus dem Bett, schleiche zur Schlafzimmertür, reiße sie mit dynamischem Schwung auf und brülle ins Dunkel: „Hände hoch! Sie sind erkannt! Widerstand zwecklos!" Besser können die Jungs vom *Tatort* das auch nicht.

„Ich bin's." Wisperstimmchen. „Eure Marie." Ein-Meter-Fünfunddreißig im Nachthemd.

„Stör ich?"

„ES IST MITTERNACHT", donnert meine Frau aus der Tiefe des Schlafzimmers. Dann, moderater: „Los, leg dich in die Mitte. Ausnahmsweise. Unter einer Bedingung."

„Wewewelche?"

„Wir verlangen ein Geständnis!"

„Welwelwelches?"

„Du hast uns belauscht."

„Neineinein."

„Wegen der Baby-Sache."

„Ja."

„Nein, ja – was denn nun?" Zielstrebig nehme ich die Sache in die Hand. Wussten Sie, dass Verhöre zu nachtschlafender Zeit beim MAD, Bundesnachrichtendienst und Amt für Verfassungsschutz seit ewigen Zeiten die wahren Renner sind?

„Nich belauscht. Bloß beobachtet."

Langsam dämmert's bei mir. „Du wolltest baby-mäßig …"

Marie nickt.

„… auf Nummer sicher …" Den Rest des Satzes verschlucke ich anstandshalber.

Marie nickt wieder. Auf einmal ist meine Frau hellwach: „Im Ernst?"

Während Marie sich glücklich zwischen uns einmummelt, sage ich die Wahrheit und nichts als die Wahrheit: „Unter diesen Umständen wird das nie was mit 'nem neuen Baby."

Meine Frau kichert in die Kissen.

„Höchstens unbeleckt", tönt es da aus der Besucherritze.

22 Wo bleibt die Diät, die nach Pommes schmeckt?

„Man hat mich beleidigt", stöhnt Marie beim Nachhausekommen, „tief, tief beleidigt." Sie stakst mit gesenktem Kopf über den Flur, lässt die Brötchentüte achtlos zu Boden fallen und schließt die Tür ihres Zimmers – nicht krachend, wie üblich, sondern still und leise, beinahe anklagend rücksichtsvoll.
„Jetzt ist es geschehen", stammelt meine Frau. „Irgendwer hat ausgepackt."
„Du meinst …" Mir bricht die Stimme weg.
„Oh ja", haucht sie, „und ich habe es kommen sehen!"
„Alles halb so schlimm", sage ich tapfer und fast gelingt es mir, meiner Stimme eine Prise Zuversicht mitzugeben. „Wir werden es Marie erklären und sie wird es verstehen."
„Nie, nie und nimmer. Eine Welt wird in ihr zusammenbrechen."
„Herrje, so fürchterlich ist das Ganze ja nun auch wieder nicht!" Ich nehme meine Frau an der Hand und bugsiere sie

ins Schlafzimmer, die Erste-Hilfe-Station für elterliche Notfälle. „Schatz, dass wir Zoff mit der Steuer haben, ist keineswegs verwerflich. Ich sehe das als Ausdruck mündigen Bürgertums."

„Steuer?", fragt sie empört. „Hier geht es um etwas entsetzlich Tragisches, und du redest von dieser blöden Steuer?" Als wenn die blöde Steuer nicht etwas entsetzlich Tragisches wäre, denke ich. Sagen tue ich: „Du glaubst also ..."
„Jawohl! Eine andere Erklärung gibt es nicht!"
Sie sinkt in meine Arme, und ich sinke aus Solidarität ein bisschen mit. Dann sagt sie leise: „Zumindest hätte sie es von uns erfahren sollen, dass wir bei ihrer Geburt noch nicht verheiratet waren."
„Schatz, wir leben doch nicht mehr in den 50er-Jahren des letzten Jahrhunderts. Sie wird damit schon klarkommen."
„Du verstehst mal wieder nichts. Marie vermutet nun garantiert, wir wollten erst gucken, wie sie wird."
Doch Marie vermutet überhaupt nichts – sie steht im Türrahmen und sagt tonlos: „Ich bin zu dick."
Ihre Mutter springt vom Bett auf.
„Die Tussi beim Bäcker hat zu mir gesagt, ich hätt Hüftspeck." Ich hocke mich vorsichtshalber auf den Boden. Was jetzt losgeht, dauert länger.
„‚Is ja nett, dass du so oft Brötchen holst‘, hat sie gesagt, ‚aber essen sollten die besser andre – bei deiner Figur‘." Maries düster-trostlose Miene scheint auf dem Tiefpunkt angelangt zu sein. „Ich bin dadurch doch schwer beleidigt worden, oder etwa nich?"
„Nuuuun", räuspert Birgit sich, „ein wenig taktlos ist das schon. Andererseits ..." Sie legt ihren Röntgenblick auf und mustert Marie von oben bis unten und von unten bis oben. Schließlich richtet sie ihre Augen erneut auf Maries Körpermitte. „Andererseits, in deiner Bauchgegend befinden sich tatsächlich ein paar Pfunde in Parkposition, mein Baby. Heb mal das Hemd hoch."

Aber Marie hebt lieber die Stimme. „Und was, bitte, is, wenn Hungersnöte drohn?" Marie hat unlängst einiges über die alten Ägypter gelesen. Unter anderem die Sache mit den sieben dürren Jahren, Sie wissen schon. Doch ihre Mutter scheint sich mehr an die sieben fetten Jahre zu erinnern. „Also, ehrlich, eine kleine und feine Wunder-Diät könnte dir gewiss nicht schaden, Tochter." Augenblicklich begreift Marie den Ernst der Lage.

„Aber nur, wenn Papa bei der Diät mitmacht. Allein is so was zu grausam."

„Aber ich bin der Tussi beim Bäcker bisher nicht unangenehm aufgefallen", bemerke ich spitz. Wie sollte ich auch, ich gehe da ja nie hin.

Marie zieht sich blitzschnell auf die nächste Verteidigungslinie zurück. „Aber nur, wenn die Diät nach Pommes schmeckt!"

„Das tut keine."

„Dann nach Pizza."

„Das tut auch keine."

„Nach Ketchup?"

Ich habe einen Einfall (klar, eigentlich haben Väter pausenlos Einfälle, nur leider merken Mütter das viel zu selten). „Schon mal was von der Sport-Diät gehört?"

„Sport kann man nich essen", gibt Marie äußerst besorgt zu bedenken.

„Aber treiben", belehre ich sie, „und wer Sport treibt, treibt sein Übergewicht nach unten."

„Etwa Bottibilting?" Marie ist mehr als misstrauisch.

„Nein, was Hübsches", schwärmt meine Frau, „so was richtig Graziöses."

Ich: „Ja, Tennis."

Sie: „Nein, Schwimmen."

Ich: „Nein, Ballett."

Sie: „Nein, Reiten."

Ich: „Nein, Turnen am Barren."

Sie: „Nur über meine Leiche."

Marie sitzt wie ein Häufchen Elend herum und hört sich desinteressiert unsere Diskussion an. Am Ende unseres Ja-Nein-Gesprächs treffen wir gemeinsam – wenigstens semi-demokratisch – die Entscheidung. Wir werden alle Möglichkeiten chronologisch testen.
Die Tennisprobestunde wird zum Fiasko. Maries Rückhand ist so rücksichtslos, dass die Ballmaschine anschließend grunderneuert werden muss. Der Clubvorstand setzt uns auf Position 333 der Warteliste.
Beim Schwimmen geht der Bademeister bereits nach der Begrüßung über Bord. Marie findet, er sei unglaublich dick, und fragt ihn, ob er denn nicht schwimmen lernen wolle, das sei schließlich die beste aller Diäten. Der Mann lässt sich jetzt umschulen, folglich fällt der weitere Schwimmunterricht vorerst ins Wasser.
Im Ballettstudio redet die Ballerina während der ersten Stunde nur vom Schwanensee, bis Marie sie unterbricht und sagt, sie wäre gerade gestern erst beim Schwimmen gewesen und unter Ballett habe sie sich eigentlich einen Sport an Land vorgestellt. Die blutjunge Lehrerin packt eine Migräne-Attacke und weigert sich, Marie zum Abschied ihre kaputten Zehen zu zeigen.
Leider läuft auch auf dem Reiterhof nicht alles nach Plan. Die Pferde sind Marie zu hoch, die Ponys zu niedrig, lediglich die Truhe mit den Eistüten hat die richtige Höhe. Für sie, verspricht sie, würde sie durchaus zweimal die Woche vorbeischauen.
Das Turnen am Barren streichen wir freiwillig. Die einzigen Barren, für die sich Marie erwärmen kann, sind Goldbarren, doch davon hat unsere Bank leider nicht genug.

P.S.: Marie bekommt jetzt Klavierunterricht.
Weil man beim Üben der Etüden unmöglich essen kann.
Und weil es so schön viele Etüden zum Üben gibt.

23 Was bringt Väter auf Trab statt auf die Palme?

Vorschrift Nummer eins im Leben einer Familie: Man darf nicht lauschen. „Marie", sage ich in regelmäßigen Abständen, „Lauschen ist wie Rülpsen – äußerst unfein." Dass Rülpsen in manchen fernöstlichen Gegenden äußerst fein ist, bleibt bitte unter uns. Sonst glaubt mir mein Kind bald kein Wort mehr. Meine väterliche Reputation steht momentan sowieso auf ziemlich wackeligen Füßen. Gestern marschiere ich doch ganz in Gedanken an Maries Zimmer vorbei. Ihre Tür ist nur angelehnt, und da höre ich – nicht, dass ich gelauscht hätte, wirklich –, wie drinnen jemand lospoltert: „Kind! Wenn ich von dir verlange, dass du aufräumen sollst, dann will ich nicht darüber diskutieren, dann will ich, dass du es tust, sofort und picobello, klar!?"

Ha, denke ich, der Satz könnte von mir sein. Sekunden später merke ich: Ha, der Satz ist von mir!
Denn nun faucht Marie zurück: „Väter sind manchmal grausig finster, weißte das?"
Weiß ich. Denn das sagt sie automatisch, sobald ich um ein wenig Ordnung flehe. Diese Art von Flehen darf man seiner Frau nämlich nicht allein überlassen. Solidarität, Sie verstehen? Aus dem Stand reift in mir der Entschluss, noch ein paar Sekunden länger zu lauschen. Das heißt: Als Lauschen kann man das natürlich nicht bezeichnen, ich bin ja eher zufällig in die Sache reingeraten, oder?
„Marie Helen Emily! Du fängst auf der Stelle mit den Erdarbeiten an! Ich gebe dir genau eine Minute, sonst werde ich hysterisch!"
Ich und hysterisch – lachhaft. Aber dieser Jemand da drin redet ohne Zweifel im Originalton Vater, und ich bin der Vater und plötzlich mein eigener Ohrenzeuge. Höchst merkwürdig.
„Kann ich erst mal nur die Hälfte erledigen?", jammert Marie.
„Aufräumen is so anstrengend, und wenn man sich als Kind…"
„… furchtbar anstrengt, ist das schädlich fürs weitere Wachstum." Ich murmele ihren Text simultan mit. Wort für Wort. Kenne ihn schließlich auswendig. Das Ganze muss so eine Art Aufzeichnung sein. Unser täglicher Standarddialog in Sachen Aufräumen. Offenbar braucht die mich live überhaupt nicht mehr vor Ort! Das macht Marie alles im Alleingang! Mit verstellten Stimmen und artgerechter Betonung.
„Schädlich? Schädlich ist das höchstens für die Herzschrittmacher der Eltern", knurre ich besserwisserisch – beziehungsweise, knurrt Marie für mich.
Am liebsten bricht unser Kind bei diesem Stand der Auseinandersetzung in Tränen aus. Das kennen Sie? Kennen Sie nicht. Krokodilstränen sind ein Witz gegen das, was dieses Mädchen springflutartig herauszupressen vermag. Wenn sie groß ist, setzt sie damit Hollywood unter Wasser und kassiert den Oscar für Spezialeffekte.

Inzwischen bin ich im Kinderzimmer abermals dran.
„Schluss mit dem Geheule", kommandiert der finstere Vater.
„Aufräumen ist nichts Schlimmes, im Gegenteil, es ist etwas Wunderbares, jedenfalls hinterher, wenn alles seine Ordnung hat." Hör sich einer diesen Unsinn an. Stammt der tatsächlich von mir?
Bevor ich die Chance habe, den Flur kleinlaut zu verlassen, verlegt sich der Vater im Kinderzimmer aufs logische Argumentieren.
„Stell dir vor", lässt Marie mich mit öliger Stimme verkünden, „wir würden das Wohnzimmer genauso auf den Kopf stellen wie du dein Kinderzimmer. Wäre das nicht schrecklich?"
„Wieso?"
„Wir könnten keinen Besuch mehr reinlassen."
„Dann geht doch mit dem Besuch ins Esszimmer."
„Und wenn es dort ebenso chaotisch aussähe?"
„Tut's ja oft."
„Aber nur, weil wir noch den Wohnraum haben – quasi als Ausweichquartier."
„Eben! Ich will auch zwei Zimmer. Eines wär dann immer superordentlich! Geb ich euch vielleicht sogar schriftlich!"
Moment – das ist neu! Diese Masche hatten wir noch nie. Irgendwie gerät unser guter alter Standarddialog in verdammt ungute Bahnen.
Dessen ungeachtet dröhnt der Vater drinnen (schäumend): „Zwei Zimmer für ein Kind? Ha! Woanders müssen sich zwei Kinder ein Zimmer teilen, damit du das nur weißt."
Darauf Marie (lakonisch): „Bei zwei Kindern in einem Zimmer braucht immer nur eins aufzuräumen, und das andere kann sich schön erholn. Warum gibt's in dieser Familie kein zweites Kind, kann mir das mal einer erklärn?"
Das ist skandalös! Wie kommt die dazu, meine über Jahre mühsam ausgefeilte Argumentationskette eigenmächtig zu sprengen und der Auseinandersetzung solch eine Wendung zu verleihen?

Ich bin drauf und dran, in Maries Zimmer zu stürzen, aber was sage ich, wenn das gute Kind mich als Erstes fragt, ob ich neuerdings lausche? Tue ich zwar nicht, wissen Sie ja, aber ... Mein Adrenalin schwappt zurück in den Zusatztank (medizinischer Hinweis: Den besitzen nur Väter, Mütter haben darauf schon vor Urzeiten verzichtet). Ich will mich gerade auf leisen Socken davon machen, da geht die Tür auf.

Marie tritt in die Flur, nickt mir freundlich zu – kein bisschen überrascht, den Vater hier anzutreffen – und trompetet: „Toller Tag, nich wahr, Papa?"

„Toll", antworte ich fahrig, „doch, sogar ziemlich."

„Fein, fein", sagt Marie, nickt abermals wohlwollend und verschwindet auf der Toilette.

„Ich bin hier ganz aus Versehen stehen geblieben", rufe ich ihr nach, „purer Zufall, glaub mir."

„Klar doch, Papachen", tönt es aus der Toilette, „was sollste auch sonst auf'm Flur veranstalten?"

Puh, noch mal davongekommen.

„Aber das mit den zwei Kinderzimmern lässte dir in aller Ruhe durch 'n Kopf gehn?"

24 Ihr könnt froh sein, dass ich so artig bin. Echt?

Einmal im Quartal ist Ihr-könnt-froh-sein-dass-ich-so-artig-bin-Tag. Da holt Marie das Letzte aus sich heraus. Wir sind immer schon vorher völlig fertig.
„Morgen werden wir wieder verwöhnt", warne ich am Vorabend. „Haben wir genügend Beruhigungsmittel im Haus?"
„Die hast du beim letzten Mal alle verbraucht", antwortet meine Frau, „nur Herztropfen sind noch da. Die Kurpackung ist halb voll."
Der Ihr-könnt-froh-sein-dass-ich-so-artig-bin-Tag beginnt pünktlich um sechs Uhr (!) mit dem Früh-Frühstück im Bett. Ein fröhliches Lied auf den Lippen, knallt Marie erst Tee und Toast und dann sich selbst zwischen uns. Draußen jubilieren die Vögel. Die haben ja keine Ahnung, was hier drinnen ab-

läuft: Der Tee ist etwas zu süffig, der Toast schwarz und Marie kontrolliert, ob wir es auch wirklich genießen.

„Jetzt bereit ich euer Badewasser vor", meldet Marie, während wir noch mit den Magenkrämpfen kämpfen. „Lavendel- oder Rosenschaum?"

Wir nicken, darum kippt sie beides rein. Reichlich, sie lässt sich nicht lumpen. Das Wasser ist lau, die Wanne läuft über und Marie kontrolliert, ob wir es auch wirklich genießen.

„Nun hol ich die Zeitung aus'm Briefkasten", gibt Marie bekannt, während wir noch mit den Zähnen klappern. „Oder soll ich für euch fernsehen?"

„Für uns fernsehen", rufen wir enthusiastisch. Wir rufen zu enthusiastisch. Marie liest uns doch lieber das Wichtigste aus der Zeitung vor. Die Welt ist schlecht, die Börse verschnupft und Marie kontrolliert, ob wir es auch wirklich genießen.

Falls Sie nun argwöhnen, schulische Verpflichtungen würden Marie an der konsequenten Fortführung des vollen Programms hindern: Irrtum. Der Ihr-könnt-froh-sein-dass-ich-so-artig-bin-Tag findet ausschließlich an Wochenenden statt. Sogar in den Ferien, wenn es sich denn quartalsmäßig entsprechend ergibt, macht Marie keine Ausnahme. Egal, wie und wo wir uns befinden.

Gegen Mittag, nach dem Abwasch von Hand (drei kaputte Tassen), Staubgewedel im Wohnzimmer (Stehlampenschirm verbeult) und zweitem Frühstück (Negerküsse satt), packt uns vorübergehend große Rührung. Und weil die rausmuss, sagt meine liebe Frau bewegt: „Marie, du bist wundervoll, wir danken dir von Herzen."

„Jetzt schon?" Sie guckt argwöhnisch. „Das Beste kommt doch erst noch!"

„Schatz", taktiere ich behutsam, „kein Kind weit und breit beschert seinen Lieben auf einen Schlag so viel Gutes. Kannst du das nicht auf größere Zeiträume verteilen?"

„Oh nein", lehnt Marie pikiert ab, „dann würdet ihr's ja überhaupt nich merken."

Wo sie recht hat, hat sie recht.

„Als Nächstes spiele ich eine kleine Tafelmusik.", sagt Marie, während wir mit den ersten Anzeichen von Erschöpfung ringen. „Pfeifen-mäßig."
Anschließend werden mit vollem Lippeneinsatz jede Menge schaurig-schiefer Töne produziert und Marie kontrolliert, ob wir es auch wirklich genießen.
Am frühen Nachmittag schwächelt meine Frau merklich. So viel Verwöhnen sei sie nicht gewöhnt, haucht sie, drum müsse sie dringend ein Stündchen aufs Lager. „Vielleicht hast du ein Ihr-könnt-froh-sei-dass-ich-so-artig-bin-Solo für Väter parat?"
Marie hat ihr sogenanntes Zur-Not-sind-Töchter-bessere-Söhne-Special zur Hand. 30 Minuten lang mimt Marie, was wäre, wenn sie Mario hieße – Nasebohren, Raufen, Pinkeln im Stehen. Bin ich froh, dass es in unserer Gegend so wenig Marios gibt!
Kaum kehrt ihre Mutter zurück, verkündet Marie: „Nun folgt das Beste."
Das Beste ist ein großes Papier – oben steht „Vertrak" und unten steht „einfastanden" – und während sie damit wedelt, sollen wir das, bitte sehr, schnellstens unterzeichnen.
„Erst einmal lesen", protestiert ihre Mutter.
„Nich nötig", gibt ihre Tochter zurück, „einfach den Namen drunter, fertig."
„Das, mein Kind, sind Mafia-Methoden!" Nun protestierte ich. Da solche Drohungsversuche für die Mafia jedoch längst überholt sind, folgt von meiner Seite lediglich ein gemurmeltes: „Leben heißt Risiko." Mit anderen Worten: Ich unterschreibe blind. Während meine Frau ihre Lesebrille sucht.
„Mutti!" Marie tut gekränkt. „Denkste, das is 'ne Falle?"
„Nein, natürlich nicht."
„Dann mal los!"
Meine Frau legt los – und unterschreibt –, worauf Marie sich das Vertragswerk schnappt und es irgendwo auf dem Dach-

boden in Sicherheit bringt. Als sie wieder auftaucht, sind wir Luft für sie. Nach fünf Minuten frage ich vorsichtig: „Hej, was ist mit unserem tollen Tag? Er ist noch nicht zu Ende."
„Er is sehr wohl zu Ende", sagt Marie. „Und zwar für lange Zeit."
Ich kann es nicht fassen. Meine Frau sehr wohl. „Das steht in dem Vertrag, richtig?"
„Richtig."
„Was steht außerdem drin?"
„Er wird jetzt nur noch ein Mal im Jahr wiederholt."
„Ach. Und weiter?"
„Ab sofort is es umgekehrt: Ihr müsst so 'nen Tag für mich veranstalten – und zwar wöchentlich."
„Ein raffinierter Vertrag." Ihre Mutter schluckt. „Und wie heißt das Ganze in Zukunft?"
„Ihr-könnt-froh-sein-dass-ich-so-clever-bin-Tag."

25 Wirst du mit Grübchen überall die Nummer eins?

Wenn Marie lieblich lächelt, geraten ältere Herrschaften reihenweise aus dem Häuschen. Wildfremde Omas reißen sich ihre Kompotthüte von der gerade hergerichteten Frisur, nur weil das ach zu süße Kind eigens prüfen will, ob ihnen darunter warm genug ist. Wildfremde Opas rücken bedenkenlos ihre Krückstöcke heraus, nur um schwankend zu verfolgen, wie fabelhaft das „sportliche" Kind damit Schlagball spielen kann. Doch das liebliche Lächeln ist nur ein Teil ihres Erfolgs im Umgang mit der Umwelt – die eigentliche Geheimwaffe heißt: Grübchen. Schon die Entwicklung dieser Geheimwaffe war so geheim, dass wir nur durch Zufall dahinter kamen. „Wo steckt Nummer eins?", fragt mich meine Frau. „Ich habe jetzt zehn Seiten in diesem Buch gelesen, und es hat mich niemand dabei gestört – da geht doch was nicht mit rechten Dingen zu."

Vorweg: Marie besteht momentan darauf, dass wir sie „Nummer eins" nennen, weil sie ja das Wichtigste in unserem Leben ist, wie sie sagt. „Oder etwa nicht?" – „Aber ja." – „Na also."
„Sie wurde zuletzt im Bad gesehen", sage ich. „Vielleicht gurgelt Nummer eins gerade mit Chanel Nummer fünf."
Meine Frau nötigt Nummer drei – mich –, nach dem Rechten zu sehen, weil Nummer zwei – sie – die Gunst des störungsfreien Lesens gern noch ein paar Zeilen länger auskosten will. Also schleiche ich mich heran und spähe durch den Türrahmen zum Badezimmer. Marie steht vor dem großen Spiegel und guckt stumm und starr vor sich hin. Wie eingefroren. Minutenlang. Also gucke ich ebenfalls stumm und starr, was soll man in solch einer Situation auch sonst tun? Plötzlich gerät Maries ganzes Gesicht in Aufruhr. Die Mundwinkel schnellen hoch, die Nase kräuselt sich, als müsse sie gleich nachhaltig niesen, und die Backen plustern sich auf wie bei einem Posaunenengel. Sekunden später ist der Spuk wieder vorbei. „Bitter", grummelt das Kind, „süßer krieg ich sie nich hin."
Ich schleiche zurück ins Wohnzimmer und bitte meine Frau um Beistand. Gemeinsam starren wir stumm durch den Türritz, bis Marie ihr Gesicht abermals entgleisen lässt. Diesmal scheint sie allerdings mit dem Ergebnis zufrieden zu sein.
„Sehen super aus", gurrt sie, „echt SUPER! Findet ihr nich auch?"
Wer? Wir?
„Kommt rein und erklärt mir auf der Stelle, warum ich so niedliche Kuhlen hab und ihr nich."
Kuhlen? Wo?
„Man sieht sie bloß, wenn ich lieblich lächle, drum üb ich das ja wie wild, versteht ihr?"
Wir nicken.
„Du meinst Grübchen", ruft ihre Mutter aufatmend. „Als Kind besaß ich die ebenfalls, aber irgendwann waren sie dann einfach futsch."
„Die können verschwinden?" Marie schaut entsetzt. „Mann,

ich bin so froh über die Dinger!"
„Ich hatte nie welche", gestehe ich neidisch.
„Nich mal in einer Backe?" Marie Stimme ist voller Mitgefühl.
„Du bekommst bestimmt noch welche. Wenn die irgendwann verschwinden können, können die auch irgendwann auftauchen. Aber ich muss jetzt weiter üben. Lieblich lächeln ist nämlich schweine-mäßig schwer."
„Wissen wir", sage ich und lächle so reizend, dass meine Frau gleich denkt, ich hätte gern noch was vor heute Abend. Habe ich auch. Aber das ist ein anderes Thema und gehört nun wirklich nicht hierher ...
Die erste Welle der Grübchen-Offensive findet am nächsten Tag beim Frühstück statt.
„Kng'ch netc n'sa Frd?" fragt Marie. Wir warten geduldig, bis ihr Brötchen eine Etage tiefer gerutscht ist. „He, ich hab euch gefragt, ob ich Weihnachten ein rosa Fahrrad krieg?!"
Wir widmen uns unverdrossen unseren Müslitellern.
„Na gut, wenn ihr wollt", tut Marie widerwillig, „mach ich's eben mit Kuhlen."
Klick – Mundwinkel rauf, Nase kraus, aufgeplusterte Backen. Das ganze Kind verströmt auf einen Schlag hoch dosierten Liebreiz. Und vorneweg lachen uns die Grübchen an.
„Würdet ihr mir zum Fest ein fesches rosa Fahrrad gönnen, liebe Eltern?" Sogar ihre Stimme hat Grübchen.
„Du hast kürzlich ein grünes ...", hebe ich an.
„Aber nun radeln alle in Rosa!"
„Fast alle", sagt meine Frau, „du radelst nämlich weiter in Grün."
Klick – Grübchen weg. Dafür Frust um die Nase. „Blödkram", murrt Marie, „irgendwie funktionieren die Dinger noch immer nich richtig. Muss mehr üben."
Und das geschieht dann in der Tat auch mit Hingabe.
Nächstes Testopfer: Busenfreund Klausi. Der findet Grübchen zwar eigentlich grässlich, kriegt als alter Kavalier aber gerade eben noch die Kurve.

„Großartig", verkündet Klausi gedehnt, „GROSSARTIG, Marie."
Marie ist beleidigt. Sie hat mit Euphorie gerechnet. Also setzt sie das Training nur umso verbissener fort. Dann muss die feste Feindin Flora ran.
„Guck genau zu", ordnet Marie an, „ich mach jetzt die Kuhlen, und du musst sagen, ob die unwiderstehlich sind."
Marie setzt sich in Pose. Doch vorher setzt sich Flora bei Marie in die Nesseln, indem sie ihr erzählt, dass ihr Hausmädchen immer Grübchen hat – auch ohne ihr Gesicht extra umzuknautschen. Marie kann's nicht fassen. „So was gibt's überhaupt nich, du spinnst."
„Gibt es wohl", beharrt Flora, „und der Hund von unserem Gärtner hat auch Grübchen."
„Höchstens im Hintern!"
Nun wird Flora stinksauer. „Behalt deine doofen Kuhlen doch für dich, die sind sowieso nur was für alte Omas, damit du Bescheid weißt!"
Das mit den Omas nimmt Marie dankend zur Kenntnis. Ansonsten wird die feste Feindin Flora vorerst von der Liste der akzeptablen Mitmenschen gestrichen.
Die Probeläufe mit den älteren Herrschaften bringen dann tatsächlich den Durchbruch. Marie baut sich im Park instinktiv an der besten Stelle auf. Die Bank in der Sonne. Um 12 Uhr mittags. Optimale Bedingungen.
Als die Dame mit Mops Platz nimmt, haucht Marie hingebungsvoll: „Ein süßer Hund, wie is denn wohl sein Name?"
„Wilfried", antwortet die Dame stolz.
„Is Wilfried schon alt?"
„Wir sind beide alt." Ein wenig Wehmut liegt in der Stimme der alten Frau.
Dann: Klick – Mundwinkel, Nase, Backen: Grübchen in Position. „Sie sehn aber beide noch ganz jung aus", strahlt Marie auf Teufel komm raus.
Die Dame schluckt ergriffen.

„Kindchen", sagt sie, „was bist du für ein herziges Mädel! Und diese reizenden Grübchen. Allerliebst!"
„Find ich auch", nickt Marie. „Wilfried hat doch keine, oder?"
Wilfried hat keine.
Ein heranjoggender Opa berichtet, seine Verlobte habe damals sogar ein Grübchen im Kinn gehabt, und fragt, ob Marie ein Bild seiner Verlobten aus dem Jahr 1957 anschauen wolle?
„Das is aber 'ne todschicke Lehdi", lobt das brave Kind. Vor allem, weil auf dem Bild auch ein Pinscher abgebildet ist – vor Pinschern hat Marie große Hochachtung.
Der Opa antwortet beglückt, damit habe sie ihm den Glauben an das Gute im Menschen zurückgegeben, und wenn er es sich genau überlege, seien ihre Grübchen viel schöner als das Grübchen im Kinn seiner Verlobten von 1957.
„Danke", flüstert Marie und macht einen richtigen Knicks. Dann macht sie sich aus dem Staub, denn so viel Begeisterung über die Kuhlen sind ihr nach dem Desaster mit uns, Klausi und Flora nahezu unheimlich. Doch ich kann sie beruhigen.
„Rein statistisch gesehen, gelten die Älteren als zentrale Zielgruppe für Grübchen."
„Weil sie wissen, dass sie selbst keine mehr kriegen?"
„Weil ‚die Kuhlen' sie an ihre eigene Kindheit erinnern."
„Dann tu ich mit denen ja echt was Gutes für Omas und Opas."
„Ja, das tust du."
„Dann bin ich bei denen die Nummer eins?"
„Bist du."
„Und bei euch bleib ich's trotzdem?"
„Bleibst du."
„Ich kontrollier das!"
Als Nummer eins muss man auf Nummer sicher gehen.

26 Hat eine Rolle Klopapier 150 oder 200 Blatt?

Seit Marie begriffen hat, dass Einstein kein Stein, sondern ein berühmter Wissenschaftler war, will sie auch berühmtes Wissen schaffen. Selbst wenn es sich dabei um einen Rückfall in frühkindliches Gebaren handelt.
„Hallo, irgendwer muss mir mal eben schnell aushelfen", tönt es aus der Toilette.
„Womit?"
„Mit Papier."
Wie gesagt: Marie ist wissenschaftlich im Moment so agil wie ein Derwisch. Das ist schon keine Agilität mehr, das ist beinhartes Schuften. Marie will nämlich keine Zeit verlieren, weil ja auch Einstein schon von Kindesbeinen an herumgeforscht hat.

„Heute Morgen war die Rolle nagelneu." Das ist mal wieder die Brüllstimme meiner Frau. Aus dem Wohnzimmer. Bekanntlich braucht man im Umgang mit Marie bei Entfernungen von über fünf Metern unbedingt eine laute Stimme (manchmal auch schon bei Entfernungen von unter zwei Metern). „Die Rolle kann also unmöglich leer sein."
„Is sie aber, Mama."
„So ein Ding hat garantiert 200 Blatt." Das ist nun mein Versuch, die Diskussion zu versachlichen. „Eine dreiköpfige Familie – wir sind im Prinzip eine dreiköpfige Familie, auch wenn Klausi oft reinschaut – kommt damit normalerweise eine Woche aus. Mindestens. Es sei denn, die Ruhr geht um."
„Wer geht um, Papi?"
„Niemand. Ich will mit diesem Hinweis nur andeuten, dass eine 200-Blatt-Klorolle in einer gesunden Kleinfamilie schwerlich innerhalb eines dreiviertel Tages verbraucht sein kann." Fakten sind schließlich Fakten.
„Das mit den 200 Blatt halte ich für ein Gerücht", ruft meine Frau nun aus dem Wohnzimmer. „Das war vielleicht früher so. Heute hat eine Klorolle höchstens noch 100 oder 120 Blatt. Das müsste man direkt mal checken."
„Mama hat recht", ruft Marie vom Klo aus zurück, „jedenfalls mehr als Papa."
„Woher, bitte sehr, willst du das wissen?" Ich lass mir doch meine Fakten nicht einfach kaputt behaupten.
„Hab's geschekkt. Echt wissenschaftlich."
„Wie und wann?"
„Gezählt halt. Bis eben. Blatt für Blatt."
„Dann haste ja Papier in Massen. Also, mein Kind: abputzen und wegspülen, pronto."
„Geht nich."
„Nun fang nicht schon wieder mit ‚geht nich' an, Marie! Wegspülen hab ich gesagt!"
„Okay, auf deine Verantwortung."

Der Klempner ist glücklich. Solch eine Verstopfung sei ihm schon lange nicht mehr widerfahren. „Wie viel Papier hat man denn da wohl versucht runterzuspülen?", fragt er neugierig. „Hundertachtundvierzig Blatt", berichtet Marie mehr als wahrheitsgetreu.

„Siehste", sagt meine Frau, „von wegen 200."

„Es gibt auch Rollen mit 250 Blatt", erklärt der Klempner. „Die heißen dann Jumbos."

Einstein hat recht: alles relativ.

27 Lust auf eine Get-together-Party?

Maries vorwiegend feindliche Freundin Flora verfügt über Eltern, die sich zuweilen äußerst großzügig zeigen. „Wir wissen, was wir der Gesellschaft schuldig sind", ist die Devise von Floras Mutter. Und weil Floras Vater der Gesellschaft auf keinen Fall etwas schuldig bleiben will, laden die beiden regelmäßig zu kindlichen Get-together-Parties ein, „bei denen unsere Kiddies spielerisch lernen, worauf es im Leben wirklich ankommt."

Marie kommt von einer solchen Party stets empört heim. „Flora hat versucht, Klausi zu küssn", schimpft sie nach der letzten Feier schon in der Tür, „dabei ahnt die Schnalle genau, dass Klausi mir gehört. Das is doch der Hammer, oder?"
„Tja", sage ich, „so …"
„Und Flora soll in Zukunft nur noch weiße Schuhe anziehn,

denn da, wo weiße Schuhe schmutzig werden, hat Flora auf Befehl ihrer Mutter in Zukunft nix mehr zu suchn", fährt sie wütend fort, „doof, oder?"
„Tja", sage ich, „so ist ..."
„Klausi wurde nich mal rot dabei", beschwert sich Marie nun noch lauter, „obwohl er gesehn hat, dass ich das gesehn hab! Is Flora jetzt 'ne Nebenpuhlerin?"
„Buhlerin", schaltet sich nun ihre Mutter ein, die sich aber eigentlich viel mehr für Floras weiße Schuhe und die daraus resultierende zentrale Frage interessiert: „Wie kann man sein Kind pädagogisch derart unsensibel von der rauen Wirklichkeit fernhalten?"
„Tja", sage ich, „so ist das ..."
„Dann will ich auch weiße Schuhe habn", fordert Marie nach einigem schnellen Nachdenken. „Vielleicht fliegt Klausi ja auf weiße Schuhe und kann gar nix fürs Küssn?"
„Tja", sage ich, „so ist das wirkliche ..."
„Unglaublich", schimpft meine Frau dazwischen, „dass sie keine Schuhe schmutzig machen darf! Soll das arme Kind etwa schweben?"
„Ich könnt Klausi mitnehmen, wenn ich meine weißen Schuhe kauf", murmelt Marie, „dann is Flora völlig abgemeldet."
„Tja", sage ich, „so ist das wirkliche Leben." Meine Güte, ist das schwierig, auch nur einen Satz vollständig zu sagen, bei diesen Frauen. Aber komisch: Niemand um mich herum will im Moment was vom wirklichen Leben wissen. Ein feinnerviger Mensch merkt, wann er überflüssig ist. Da ich aber keiner bin, bleibe ich. Und damit nicht genug, ich mische mich auch noch kühn in Maries Klausi-Schuh-Abmelde-Gedankengut ein: „Erkläre mir bitte, wieso du das Get-together-Getümmel bei Flora hasst und trotzdem immer hingehst."
Der gesamte weibliche Teil der Familie würdigt mich nun mit strafenden Blicken.
„Das verstehste nich", sagt Marie, mich zurechtweisend, „is doch ganz nett da."

„Wirklich", kommt von meiner Frau, „wirklich nett." Sollte ich das Gespräch der letzten Viertelstunde total missverstanden haben?

„Ach, und übrigens, nächstes Mal wird's sogar 'ne richtige Mütter-Väter-Kinder-Party", fällt Marie ein. „Ich hab gleich für uns alle zugesagt. Toll, nich?" Bevor ich die Toll-Wut kriege, sind Mutter und Kind bereits aus dem Haus. Ihr Plan: Klausi kidnappen und sich die schönsten weißen Schuhe schnappen.

Die große Mütter-Väter-Kinder-Party-Premiere unter Beteiligung weiter Teile der hiesigen Bevölkerung wird auf einen Samstag gelegt. Die Versuche einzelner Herren, berufliche Verpflichtungen geltend zu machen, bleiben darum erfolglos. Nur Piloten und Pizzabäcker haben eine Chance, sich zu drücken, aber Piloten und Pizzabäcker gibt es hier so gut wie überhaupt nicht. Immerhin beschließen einige vorausschauende Väter, sich schleunigst umschulen zu lassen.
Floras Frau Mutter ist wie Flora, nur etwas fülliger. Floras Vater ist betrunken. „Alle Männer zu mir!", ruft er beim Eintreffen der Gäste. „Wir müssen unser Vorgehen koordinieren." Ich staune, dass er das Wort „koordinieren" bei seinem Pegelstand überhaupt noch aussprechen kann. Seine Gattin ist nicht halb so beeindruckt und verbietet die väterliche Sonderversammlung. Es gibt Kaffee und Kuchen – als „Ausdruck kommunikativen Beisammenseins, damit unsere lieben Männer üben können, dem Geist der Familie nachzuspüren". Floras Frau Mutter kann wirklich ganz entzückend formulieren.
Nach zehn Minuten glucken die Kinder mit den Kindern, die Mütter mit den Müttern – und die Väter gucken Sportschau. Beim Strafstoß in der 27. Minute – Ribéry hat Frings von den Beinen geholt – taucht Marie im Elfmeterraum auf.
„Du", flüstert sie mir zu, „die beknackte Flora küsst schon wieder mit Klausi rum."

„Trotz deiner weißen Schuhe?"
„Ja. Und rot wird er wieder nich."
„Dann liegt's woanders dran. Frag deine Mutter."
Der Freistoß geht daneben.
„Hab Mama schon gefragt. Sie schwört, das is Vätersache."
„Vätersache, Vätersache." Ich verpasse die Zeitlupenwiederholung, weil sich Marie direkt vor mir aufbaut. „Immer, wenn's schwierig wird, ist es Vätersache!"
„Papiiieh, los", drängelt Marie genervt. „Sonst muss sich der von Klausi darum kümmern. Wenn dir das lieber is, bitte."
Klausis Vater? Stimmt, der hockt hier ja auch herum.
„Oder der von Flora." Marie lässt und lässt nicht locker.
„Irgend so 'n hilfsbereiter Vater wird sich ja wohl auftreiben lassn."
Notgedrungen fühle ich mich bei meiner Ehre gepackt.
„Okay, überredet", sage ich voll grimmiger Entschlossenheit.
„Du behältst das Geschehen im Auge, ich leite die Maßnahmen ein."
Maßnahmen findet Marie immer gut. Hat was Dynamisches. Ich sammele augenblicklich einige Pluspunkte bei ihr. Klausis Vater allerdings erweist sich als harte Nuss. Wegen mangelnden Problembewusstseins verweist er auf Klausis Mutter. Erst als ich die wachsende Bedeutung der Rolle aller männlichen Elternteile in unserer Gesellschaft betone, knickt er ein. Bei Floras Vater mache ich es kurz. „Sie, wir müssen dringend was koordinieren." Er ist sofort Feuer und Flamme. Zu dritt ziehen wir uns auf die Terrasse zurück, wo Floras Vater als Erstes die Drinks koordiniert. Der Fall selbst bedarf einer ausführlichen Analyse.
„Klausi verehrt Marie", verteidigt Klausis Vater seinen Sohn.
„Marie liebt Klausi", gestehe ich im Namen meiner Tochter.
„Flora is wie ihre Mudder", stöhnt Floras Vater mit schwerer Zunge.
So kommen wir nicht weiter.
„Klausi kann schlecht Nein sagen", meint Klausis Vater.

„Wenn Flora ihn also bedrängt, erträgt er das mannhaft."
„Aber Marie stört, dass Klausi dabei nicht mal rot wird. Das wär doch das Mindeste", werfe ich ein – für Marie in pikiertem Tonfall, versteht sich.
„Flora is wie ihre Mudder", wiederholt Floras Vater und koordiniert die nächsten Drinks. So kommen wir unter die Räder.
„Mag Klausi generell keine weißen Schuhe oder mag er die nur nicht bei jeder?" Ich finde meine Frage ziemlich gelungen. Klausis Vater schaut ratlos und überlegt, wer hier eigentlich betrunken ist. Daraufhin bleiben wir ein bisschen stumm und umkreisen ziellos die Stachelbeersträucher im Garten. Unverhofft kommt meine Frau auf die verwaiste Terrasse – mit Keksen und „freundlichen Grüßen von unserem jungen Paar".
„Flora und Klausi?" Der Fall wächst mir langsam über den Kopf.
„Klausi und Marie", korrigiert sie mich. „Flora zog es vor, sich zurückzuziehen."
„Floras Mudder zieht sich nie z'rügg", stammelt Floras Vater.
„Klausi und Marie haben lange miteinander getuschelt", berichtet meine Frau gerührt, „und nun sehen beide ganz erleichtert aus. Und was macht ihr Männer hier draußen?"
„Ich würde sagen ...", zögert Klausis Vater.
„... wir koodinian ...", lallt Floras Vater.
„... wichtige Vätersachen", füge ich – freundlich wie ich bin – hinzu.
„Bravo", lobt meine Frau. „Was würden unsere Kinder bloß ohne euch tun?"

28 Hilft dem kranken Kind Ruhe oder Tiramisu?

Halbe Sachen sind nichts für Marie. Marie braucht immer das volle Programm. Erst recht bei gesundheitlichen Krisen. Das fordert sie ein.
„Mamilein, mein Bauchnabel kribbelt."
„Dann kratz dich."
„Mami! Wenn der Bauchnabel kribbelt, is man krank!"
„Sollen wir operieren?"
„Mama! Wenn man krank is, gehört man ins Bett. Nix weiter!!"
„Wirklich nichts weiter?"
„Na ja, im Bett muss man ein wenig gepflegt werdn."
„Gepflegt oder bedient?"
„Umso eher ist man wieder auf'n Beinen, Mami."

Umso eher ist man von den Füßen, denkt ihre Mutter und erinnert sich an Maries letztes Krankenlager. Da juckte Marie es am großen Zeh, und wir haben uns die Hacken abgelaufen.
„Also gut, schreiten wir zur Notaufnahme."
„Aber in deinem Bett."
„Und wo soll Nachtschwester Ingeborg selber schlafen?"
„Dann geh ich in Papis."
„Dein Vater hat einen Horror vor Krümeln."
„Krümel?"
„Von dem trockenen Zwieback."
„Zwieback?"
„Wer am Bauchnabel krank ist, kriegt trockenen Zwieback. Also ab in deine eigene Koje!"
Doch so karg hat sich Marie ihre Bettlägerigkeit keineswegs ausgemalt. „Im Fernsehn werden kranke Kinder immer ganz doll verwöhnt. Da sitzen die Eltern die ganze Zeit neben dem Bett und füttern ihre Kleinen mit Tierahmiessuh."
„Wieso denn gerade Tiramisu?"
„Würd ich jetzt gern essn."
Ahnt das Fernsehen, was es mit solchen Arztserien versorgungstechnisch anrichtet? Jetzt muss meine Frau einkaufen, und ich muss Marie zu Diensten sein.
„Du, bring mir doch mal den Malblock."
Ich tue, was man mir befiehlt.
„Den nich, den andern."
Ich suche und bringe den anderen.
„Und die Malstifte? Haste vergessen, wetten?"
Ich erlaube mir ein erstes Aufbegehren. „Weiß ich, wo deine Stifte sind?"
„Weiß ich doch erst recht nich", mäkelt Marie. „Dauernd räumt ihr mein Zimmer auf, wie soll man da den Überblick behalten?"
Würg ...
„Na ja, dann eben nich, dann guck halt nach, wo meine Musik-CDs liegen."

Ich erlaube mir ein zweites Aufbegehren. „Wer krank ist, braucht Ruhe. Keine Musik."
„Musik heilt alle Wunden", posaunt Marie und dreht an der Radioanlage herum. Das klappt natürlich nur, weil die direkt neben ihrem Bett steht. Ansonsten können Patienten mit kribbelndem Bauchnabel keinen einzigen Schritt tun. Kennt man ja aus dem Fernsehen.
Als Nächstes will Marie eine Glocke.
„Eine Glocke? Wozu?"
„Ein Glöckchen wär zu leise."
„Wooozuuu?" Ich muss brüllen, um Maries Anlage zu übertönen.
„Weil die Anlage zu laut is", brüllt Marie zurück.
„Wooozuuu eiiiine Glockeeee?"
Marie stellt die Musik einen Augenblick lang leiser. „Damit ich nach euch läuten kann, wenn ich was brauch. Kranke brauchen öfter was."
„Kranke brauchen Ruhe", sage ich, aber das hatten wir ja schon und außerdem ist die Anlage längst schon wieder lauter.
Endlich kommt ihre Mutter nach Hause und stapelt einen größeren Posten Tiramisu in den Gefrierschrank. „Die hat's an den Ohren", argwöhnt sie leise vor sich hin, „am Bauchnabel hat die nicht das Geringste."
Als Mann der Tat ergreife ich das Fieberthermometer – mir reicht es jetzt.
„Marie", kreische ich und es gelingt mir tatsächlich, die Musik zu übertönen, „Marie, jetzt gehen wir der Krankheit auf den Grund!"
„Wo is die Glocke?"
„Marie, zunächst werden wir mal deine Temperatur messen."
„Wo is das Tierahmiessuh?"
„Ohne Temperatur keine Krankheit", fahre ich in derselben Lautstärke fort, „und ohne Krankheit kein Bettaufenthalt!"
„Wo is Mama?"

Ich stopfe ihr stumm das Thermometer in den Mund und drehe die Musik leise.

„Hilfe!" Marie schreit links und rechts am Thermometer vorbei. „Ich will sofort 'nen Arzt sprechen!"

„Erst die Temperatur!", sage ich stoisch.

Währenddessen erscheint ihre ersehnte Mutter mit einem Riesenteller Tiramisu im Zimmer und fängt genüsslich an zu löffeln. Marie macht riesengroße Augen.

„Irgendwie", nuschelt sie und das Thermometer ploppt ihr aus dem Mund heraus, „geht's mir plötzlich schon viel, viel besser. Ich brauch bloß das Tierahmissuh zu riechen, schon rast das Fieber runter."

„Ein Wunder", flüstert ihre Mama.

„Ein Wunder", bestätigt Marie, „aber wenn ich jetzt nich gleich was davon krieg, erleid ich 'nen Rückfall."

Wieso gibt es Tiramisu nicht längst auf Krankenschein?

29 Plaudert Marie Mutter und Vater um Kopf und Kragen?

„Marie, ab sofort heißt du Mata."
„Was'n das für'n komischer Name, Papi?"
„Mata Hari war eine berühmte Spionin."
„Im Fernsehn?"
„Im Kaiserreich."
„War denn der Kaiser reich?"
„Wieso?"
„Konnte der sich so 'ne berühmte Spionin überhaupt leisten?"
„Stopp – darum geht es doch gar nicht, Marie!"
„Worum geht's dann?"
„Um Geheimnisse."
„Super. Welche?"
„Um Geheimnisse ganz generell. Und um jemanden, der keins bei sich behalten kann."

„Ich? Kann ich wohl!"
„Nichts da. Wer hat denn Tante Nellie verraten, dass wir ihren neuen Mann ziemlich schrill finden? Das Fräulein Tochter! Und wer hat der Frau im Käseladen gesteckt, dass sie wie eine Bergziege riecht und wir nur noch stark erkältet bei ihr einkaufen? Das Fräulein Tochter! Wer hat außerdem der Karrieremutter von Dieter-Thomas empfohlen, endlich ihre krummen Beine mit Hosen zu tarnen? Auch das Fräulein Tochter! Weitere Beispiele nötig?"
„Klar, find ich witzig."
„Aberwitzig ist das! Deine gutgläubigen Eltern vertrauen dir alles an – und was kommt dabei raus? Alles kommt raus!"
„Man muss als Mensch die Wahrheit sagen, lieber Papa."
„Muss man keineswegs. Es gibt Dinge, über die man gefälligst nicht spricht!"
„Aber das macht ihr doch auch nich."
„Nach außen schon. Nur durch dich werden wir dauernd attackiert!"
„Attackiert? Is das ansteckend?"
„Das ist anstrengend! Eine halbe Stunde hat es mich gekostet, Tante Nellie davon zu überzeugen, dass wir ihren neuen Gatten nicht ‚schrill' finden, sondern finden, dass er ‚Thrill' hat, was auf Englisch etwas ganz Tolles ist. ‚Thrill' bedeutet nämlich Dynamik oder so."
„Mami hat aber wirklich ‚schrill' gesagt, Papilein."
„Außerdem hat Mami einen Heidenärger mit der Frau im Käseladen wegen der Bergziege gekriegt. Sie musste zehn Minuten lang durch den Mund atmen, bis die endlich glaubte, dass das Ganze ein Missverständnis war."
„Aber du hast sie echt ‚Bergziege' genannt, Papa."
„Bergsee, Marie. Deine Mutter konnte ihr klarmachen, dass sie Augen wie ein Bergsee hat, verstehst du?"
„So kalte?"
„Und dann die Sache mit den Hosen! Treff ich doch die Karrieremutter von Dieter-Thomas in der Bank und grüß

freundlich, da sagt sie zornig: ‚Bitte gehen Sie an einen anderen Counter, ich will Sie auf keinen Fall mit meinen Beinen belästigen.' Wie findest du das?"

„Klasse, Papi!"

„Ach ja? Ich war wie vom Donner gerührt! Nachher war sie zwar auch gerührt – aber auch nur, weil ich sie in einem ewig dauernden Gespräch davon überzeugen konnte, dass es als Kompliment gemeint war, ihr das Hosetragen ans Herz zu legen, weil nur die wenigsten Frauen in Hosen wirklich attraktiv aussehen."

„Dann is ja wieder alles in Butter, Papa."

„Nichts ist in Butter, mein Püppchen! Ab jetzt behalten wir jedes Geheimnis für uns. Du plauderst einen sonst um Kopf und Kragen."

„Das is gemein!"

„Das ist konsequent!"

Der erste Lauschangriff erfolgt zu später Stunde. Meine Frau und ich haben im Wohnzimmer den ganzen Abend (bewusst) nur übers Wetter geredet. Kurz vor Mitternacht raunt sie mir zu: „Soll ich dir jetzt endlich verraten, was die Meiers und ..."

„Psst." Ich erhebe mich lautlos, taste mich zur Flurtür, verharre dort einige Sekunden – und reiße sie dann urplötzlich auf.

„Wollt euch bloß gute Nacht sagn", säuselt Marie enttäuscht.

„Um diese Zeit?" Ihre Mutter schluckt entgeistert.

„Dafür isses nie zu spät", sagt Marie und zieht erhobenen Hauptes ab.

Heute reden wir vor dem Schlafen nur über die Weltpolitik.

„Was ist mit den Meiers und Dreiers?", frage ich gleich beim Aufwachen am nächsten Morgen. Meine Frau zieht mich näher an sich heran. „Die haben doch ganz im Ernst ..."

„Psst." Ich schleiche auf Zehenspitzen bis an die Treppe. Mit einem Riesensatz flanke ich übers Geländer. Jeden Einbrecher hätte der Schlag getroffen. Nichts.

„Gut", sage ich aufseufzend, „was haben die Meiers und die Dreiers ...?"

„Psst." Nun sichert meine Frau den Raum nach allen Seiten ab. Dabei fällt ihr Blick auf die Tür zum Bad neben der Treppe. Wir postieren uns links und rechts davon – das machen die Bullen in Downtown Manhattan schließlich auch immer so.
Drinnen rauscht es. Es ist die Klospülung.
„Also gut, ich komm raus", ruft Marie. „Man wird doch wohl noch mal müssen dürfen, oder?"
Ich schlage meiner Frau vor, gemeinsam zu duschen.
„Willst du etwa …?", fragt sie errötend.
„Ich will", antworte ich schwer atmend.
„Jetzt sofort?"
„Ich halte es nicht mehr länger aus!"
„Oh, mein Gott!"
Wir steigen in die Dusche, drehen den heißen Strahl auf und ich keuche: „Erzähl schnell – was haben die Mei…"
In diesem Moment reißt der Duschvorhang aus den Haken und Marie plumpst zwischen uns.
„Ausgerutscht", sagt Marie ungerührt, „kann passiern, wenn ihr hier so rumspritzt, oder?"
Um neun Uhr fängt die Schule an. Doch Marie bedauert: „Da kann ich heut nich vorbeischaun, der Vorfall mit dem Duschvorhang hat mir einen echten Schock verpasst."
„Dann leg dich auf dein Bett und entspanne", befiehlt ihre Mutter, „übernächtigt biste sowieso."
Marie nickt und ist in einer Minute eingenickt.
„So", sage ich, „nun pack aus. Die Meiers. Die Dreiers. Was um alles …"
„Psst." Meine Frau zerrt mich im Wohnzimmer direkt vor eine der Lautsprecherboxen. „Alte Geheimdienstmethode, da muss der Gegner schon von den Lippen ablesen können."
Ich bin mächtig beeindruckt. „Aber hast du nicht etwas vergessen?"
„Glaub nicht."
„Die Musik."

Sie legt etwas Krachendes von Wagner auf. Und auf dem Höhepunkt seines musikalischen Schaffens fängt sie dann endlich an zu reden. Ich verstehe kein Wort. Dafür steht Marie in der Tür und fragt, ob's schon wieder Flammendes Inferno im Frühprogramm gibt.
Vom Büro aus telefoniere ich mittags mit unserer Geheimdienstzentrale. „Was tut Marie gerade?"
„Sie lauscht."
„Wo?"
„Am Zweitapparat im Schlafzimmer."
Klick.
„Jetzt nicht mehr", drängele ich, „raus damit: Was ist bei den Meiers und Drei…?"
Klick.
„Marie, wenn du nicht augenblicklich …"
Klick.
„Nimm das Handy", stöhnt meine Frau.
„Nein!" Ich kann auch mal bockig sein. „Marie muss endlich lernen …"
„Na schön", lenkt sie ein, „pass auf: Die Mei…"
Klick.
„Mariiiieeee!"
Klick.
„Los, informier mich in zwei Sätzen", flehe ich, „von mir aus auch in anderthalb!"
Aber nun ist die Leitung tot. Meine Frau hat aufgelegt.
Am Nachmittag schicke ich eine SMS. „Liebling", steht darin, „antworte mir auf gleichem Weg: Was hast du über die Meiers und die Dreiers zu berichten?"
Die Antwort lässt nicht lange auf sich warten. Sie besteht aus zehn Worten: „Wir brauchen erst einen Geheimcode, der sich nicht knacken lässt."
Kurz darauf erreicht mich eine E-Mail. „Herr Meier liebt Frau Dreier. Und umgekeert", lautet der Text.
Unterschrift: „Mata."

30 Darf man Nachbarn, die sich dicketun, etwas antun?

Alles, was bimmelt, beflügelt Marie. Das Telefon, weil Dieter-Thomas statt Klausi dran sein könnte. Der Wecker, weil man beim Schlafen ja so viel verpasst. Die Türglocke, weil der Weihnachtsmann dieses Jahr vielleicht ein zweites Mal kommen könnte. Mit anderen Worten: Wenn es klingelt, kriegt Marie den Kick. Wie neulich. Geräusche vor dem Haus. Beim ersten Dingdong stürzt sie in die Diele. Beim zweiten Dingdong reißt sie die Tür auf. Meine Frau meint verwundert: „Ich kann so lange nach ihr rufen, wie ich will, eher kommt der Putz von der Decke als dieses Kind." Da kann ich ihr nur zustimmen: „Sie kommt ja nicht mal, wenn der Blitz einschlägt, es sei denn, er hat vorher geklingelt." Da hören wir am Hauseingang eine fremde Frauenstimme flöten: „Tag,

Kindchen, wir sind die neuen Nachbarn von genau gegenüber und wollen nur schnell Hallo sagen."
„Hallo", antwortet Marie und macht die Tür wieder zu. Anschließend kommt sie ins Wohnzimmer und verdreht wortlos die Augen.
„Was ist, willst du die Leute nicht hereinbitten?", frage ich ruhig. Die Belehrung überlasse ich meiner Frau.
„Lieber nich." Marie rümpft die Nase. „Die hat mich Kindchen genannt."
Es klingelt erneut. Nicht gerade Sturm, aber doch mit Nachdruck.
„Ich gehe hin", sagt meine Frau. „Und wir sprechen uns noch, Verehrteste."
Marie versteht die Absicht ihrer Mutter und zieht sich vorsichtshalber schon einmal in ihr Zimmer zurück.
Die neuen Nachbarn verkörpern eher massiven Wohlstand als mickrigen Mittelstand. Maries Empfang scheint die beiden ein wenig verärgert zu haben, was der Gatte mit einem: „Bisschen scheu, das Kindchen, was?", zu tarnen versucht. Anschließend hält er den Mund und vergeblich Ausschau nach Anzeichen akzeptablen Reichtums in unserem Haus. Die blond gelockte Nachbarin erklärt inzwischen unsere Wohngegend für „halbwegs passabel, sonst wären wir ja auch woanders hingezogen". Dass man sich zu ihr hingezogen fühlt, kann ich zunächst einmal nicht behaupten.
„Übrigens, bei mir", grinst der Gatte plötzlich, „kann es gelegentlich dingeldong-duften." Als viel beschäftigter Mann trage er stets sein goldenes Handy bei sich, „weil Time doch Money ist", und dieses goldene Handy könne sowohl tolle Töne als auch teure Parfumdüfte von sich geben, „je nach Einstellung, Sie verstehen?"
„Aber immer doch", antworte ich. Den Gefallen, seine Duftmarke zu erfragen, tue ich ihm allerdings nicht.
Die Gattin erzählt uns von der Housewarming-Party, die man übernächsten Samstag zu veranstalten gedenke. „Kostet

mich eine Stange Geld", lässt der Herr Gemahl uns daraufhin wissen, "habe sogar eine Combo engagiert. Sie müssen unbedingt reinschauen, es werden eine Menge enorm wichtiger Leute da sein. Wir schicken Ihnen eine Einladung. Selbstverständlich aus Büttenpapier."
Meine Frau ist allmählich ziemlich genervt, was natürlich nur ich bemerke. Sie versteht es, sich in diesen Situationen hervorragend zu verstellen. Daher gibt sie sich nun außerordentlich entzückt. Ich würde mich auch gern entzückt geben, man weiß ja, was sich gehört, aber dann gebe ich doch lieber dummes Zeug von mir: "Wir bräuchten einen Babysitter. Leider ist unserer gerade für länger verreist. Ob wir jemand anderen ..."
"Was denn, Sie haben noch ein Baby?", unterbricht die blond gelockte Nachbarsgattin meine Ausführungen. "Das finde ich mutig – in Ihrem Alter."
"Unser Baby hat Sie gerade begrüßt", meint meine Frau versöhnlich. Das mit dem Alter hebt sie sich für später auf.
"Oh Gott, ist Ihr Kindchen nicht schon acht oder neun?" Sie schüttelt den Kopf. "Also wissen Sie, meine Nichte konnte bereits mit fünf allein ..."
"Vier", unterbricht der Gatte, "vier Jahre war sie alt. Das muss man auch verlangen können. Wenn ich daran denke, wie ich als Kind, ich könnte Ihnen Sachen erzählen ..."
Um das zu verhindern, bietet meine Frau ein Gläschen Sekt an. Aber der Mann lässt sich trotzdem nicht zur Ruhe bringen. In meiner Not suche ich Marie. Sie lauert hinter der nächsten Tür und zischt nur ein Wort: "Siehste!" Dann gehen wir einträchtig ins Wohnzimmer, wo der Gatte gerade die Sektmarke überprüft und die Gattin so lange und demonstrativ auf ihre Armbanduhr schaut, bis wir alle gesehen haben, dass sie mindestens 5.000 Dollar gekostet haben muss.
Marie scheint überraschend geneigt, Charme zu entfalten.
"Sie haben aber schöne Schuhe", sagt sie artig zu ihrer neuen Nachbarin.
"Aus Paris", erklärt der Gatte, "der Laden neben dem Ritz."

Neben dem Ritz gibt es zwar keinen Schuhladen, aber egal.
„Mögen Sie auch so gern Pudelhunde?", fährt Marie artig fort.
„Ich liiieeebe Pudel", strahlt die Gattin.
„Ich find Pudel furchtbar." Marie guckt unbeirrt artig.
Der Gatte will etwas sagen, verschluckt sich aber glücklicherweise am Sekt.
„Und Ihre Kinder? Lieben die auch Pudelhunde?" Marie lässt in ihrer Charme-Offensive nicht locker.
„Wir haben keine", lächelt die Gattin angestrengt.
„Wann kriegen Sie denn welche?" Marie schaut so mitfühlend milde, dass es einem das Herz umdreht.
„Hör mal, Kindchen", hebt der Gatte zu einer längeren Ausführung an, „wir haben viel zu viel zu tun für so was! Kinder nehmen einem die Zeit weg, du machst dir keine Vorstellung, und das Leben ist eh so kurz.
„Aasig kurz", nickt Marie verständnisvoll. „Was tun Sie denn so vieles?"
Hach, denke ich, nun freut sich der Mann, nun kann er brillieren.
„Geld verdienen", antwortet er stolz.
„Und Ihre Frau? Was tut die vieles?"
„Geld ausgeben", sagt er und krümmt sich vor Lachen. Es geht doch nichts über einen goldenen Humor. Wir lachen höflich mit. Bloß Marie nicht. Marie fragt ernst und gleichwohl artig: „Is das denn nich furchtbar öde?"
Der Gatte stutzt, die Gattin starrt in den Sekt, und während ich überlege, ob ich wohl allmählich entspannend in die Situation eingreifen sollte, fängt es bei ihm an zu piepen und zu duften. Dafür sind wir überaus dankbar. Der Gatte pflückt sein goldenes Handy aus dem Jackett und stößt ein kurzes „Ich bin's" aus. Dabei macht er einen absolut glücklichen Eindruck. Marie ebenfalls.
„Ich glaub, das mit'm Nichkinderkriegen, das hat er bloß behauptet, um mich zu foppen", kichert sie die blond gelockte Gattin an. Erstmalig blitzen sogar ihre Grübchen auf, ihr Aus-

druck für Charmestufe Ultra. Der Gatte bellt derweil ein paar knappe Anweisungen ins Handy und kehrt Hände reibend zum Sekt zurück. Natürlich hat er Maries Vermutung vom angeblichen Foppen mitgekriegt, also fragt er gönnerhaft: „Wie kommst du bloß auf die Idee, Kindchen?" Dabei kontrolliert er, ob wir angemessen bewundern, wie lässig er das goldene Handy in seine Jackett-Innentasche schiebt.

„Na, wegen dem Dings da", gurrt Marie voller Liebreiz, „das duften und tönen kann. Wenn Sie vielleicht doch mal 'n Sohn haben, der hält so 'n Kram bestimmt für affengeil."

Der Gatte schluckt trocken.

„Aber Mädchen finden so was doof."

Zur Housewarming-Party haben wir bis heute keine Einladung aus Büttenpapier erhalten.

31 Ab wann ist der gute Ruf total im Eimer?

„Warum sind wir eigentlich nicht dasselbe wie Tiere, Papi?"
„Weil wir eine Seele haben."
„Falsch, Papi. Weil wir Leifschteihl und Immidsch habn."
„Bitte was?"
„Leifschteihl und Immidsch! Da verstehste nix von, ne? Ganz schön traurig in deinem Alter."
„Dann mach mich schlauer."
„Du hast selber behauptet, der dicke Bello von den Dreiers is 'ne Seele von Hund. Also? Also hat er auch eine. Aber Leifschteihl und Immidsch, das kriegen nur wir Menschen hin, sagt Flora."
„Flora? Bist du sicher, dass die weiß, wovon sie da redet?"
„Leifschteihl is, sagt Flora, wenn man viele schöne Sachen kauft."
„Aha. Und Image?"

„Immidsch is, wenn man die schönen Sachen rumzeigt und alle neidisch sind."
Sie wissen ja: Flora ist ein Fluch. Wäre ich ihre füllige Mutter, ich würde mir ein Hörgerät anschaffen und dauernd die Batterien dafür verlieren. Wäre ich ihr trinkfreudiger Vater, ich würde ..., ja, ich würde vermutlich ins internationale Batteriegeschäft einsteigen.
„Flora findet meine neuen Stiefel übrigens blöd, weil die nich aus Florenz, sondern aus Gummi sind."
„Gummistiefel sind immer aus Gummi, Marie."
„Nur die aus Florenz sind Leifschteihl, sagt Flora."
„Hat feste Feindin Flora auch noch andere Sachen zu kritisieren?"
„Beste Freundin, Papa."
„Zum Beispiel deine Uhr. Findet die vor Floras Augen Gnade? Musst ja nicht verraten, dass sie ein Sonderangebot war."
„Flora hat gesagt, man darf nur superechte Markensachen kaufen."
„Werd ich mir merken."
„Sonst is das Immidsch im Eimer."
Ob ich Floras trinkfreudigem Vater mal einen Tipp in Sachen Batteriehandel gebe?
„Flora hat grad zwei neue Pullis gekriegt. Kaschmiehr, sagt sie. Was is Kaschmiehr?"
„Kaschmir ist mir egal."
„Und der neue Ranzen, den ihr Paps für sie bestellt hat, ist kein Ranzen, wie du und ich ihn haben, sagt Flora, das is 'n Diseihna-Ranzen."
Designer-Ranzen? So ein fataler Vater kann lange auf meine Batterietipps warten.
„Wenn ihr nächstes Mal irgendwas für mich holt, sagt Flora, kommt sie am besten mit."
„Zu gütig."
„Ihr nehmt sonst höchstens so 'n Kram, der irgendwie nich so das richtige Immidsch hat, sagt Flora."

Ist es Sodbrennen, was da in mir säuert, oder verliere ich bloß die Nerven? Ich räuspere mich gequält. „Tu mir einen Gefallen."
Marie fragt sofort: „'Nen ganzen?"
„Wenn möglich."
„Erst verraten, welchen."
„Ihr werdet doch spätestens heute Abend wieder telefonieren. Frag Flora dann bitte, ob ihre Mutter schon eins von diesen Wahnsinns-Hörgeräten hat. Hat sie garantiert."
„Warum?"
„Ist irre in. Trägt man jetzt. Wer ohne hört, gehört nicht dazu!"
„Wozu?"
„Zu denen mit den schönen Sachen."
Marie wartet keineswegs bis zum Abend. Eilanruf: „Hey, Florchen, ich bin's. Sprich bitte leise."
„Was is'n?"
„Viel, viel leiser! Deine Mutter kriegt so jedes Wort mit."
„Die ist im andern Zimmer, kann die gar nicht."
„Trotzdem. Diese superangesagten Hörgeräte, irre!"
„Meine Mutter hat doch kein Hörgerät!"
„Hat die nich? Dann is die ja überhaupt nich aptodeit!"
„Ehrlich?"
„Wer ohne hört, gehört nich dazu – leifschteihl-mäßig."
„Stimmt. Welche Marke?"
„Das fragst du?"
„Reine Kontrolle. Wollt bloß wissen, ob du's weißt."
„Hab eher das Gefühl, du hast keine Peilung, Flora."
„Ich und keine Peilung, sehr komisch."
„Mit Gummistiefeln kennste dich aus – aber niemals mit den wahren Immidsch-Dingern!"
„Kenn ich wohl!"
„Du lügst, Flora!"
„Soll ich dir mal was sagen", giftet Flora zurück, „mein Vater hat schon seit über einem Monat so 'n Hörgerät! Ha!"

32 Können vier Buchstaben andere in den Wahnsinn treiben?

Dies ist die Geschichte von Prch. Wenn ich Ihnen einen guten Rat geben darf: Vergessen Sie Prch am besten gleich wieder. Die Prch-Premiere fand am Donnerstagnachmittag kurz vor drei Uhr im Supermarkt statt. Zeugenaussagen zufolge geschah es spontan und ohne jeden warnenden Hinweis, in erster Linie aber geschah es am Gemüsestand. Und zwar so: Meine Frau bittet um eine Handvoll Bananen, der Verkäufer zuckt zusammen, wiegt die Dinger schwer atmend und bekennt mit hochrotem Kopf, er sei einer der größten Bananenhasser! So weit, so gut. Weil meine Frau ein freundlicher Mensch ist und ein angemessen erstauntes Gesicht macht, berichtet der Verkäufer beglückt und äußerst detailliert von einer besonders holzigen Banane, die ihm einst im Halse stecken blieb – und

just in diesem Moment entfährt Marie ihr allererstes Prch.
Mir selbst kommt Prch am Freitagabend zu Ohren. Die Tagesschau gibt bekannt, Paris wolle nunmehr die Kniekehle zum Dreh- und Angelpunkt der neuen Mode ausrufen – und urplötzlich stößt Marie ein spitzes Prch hervor. Später frage ich meine Frau nach dem tieferen Sinn von Prch.
„Keine Ahnung", gähnt sie, „was sagt denn der Duden?"
Im Duden klafft eine Lücke. Da steht „Präzisionswaage" und dahinter folgt gleich „prebiotisch". Weit und breit kein Prch.
„Unser Duden ist schon ziemlich alt", sage ich noch kurz vor dem Einschlafen, „eventuell handelt es sich um was ganz Neues, vielleicht sollte man mal bei Google ..." Schnarch.
Das nächste Prch passiert beim Frühstück. Marie kippt ihre Schokomilch über meine Zeitung, und anstatt wie sonst meistens „Tschuldigung" zu sagen, entfährt ihr ein zaghaftes Prch. „Schwamm drüber", meint meine Frau. „Es gibt ja noch die Radionachrichten", tröste ich mich, und Marie fügt ein weiteres zartes Prch hinzu, bevor sie sich unauffällig aus dem Zimmer bewegt.
„Vielleicht hat unser Kind eine verkappte Sprachstörung?" Langsam fange ich an, mich zu sorgen. „Unsinn", antwortet meine Frau voller Zuversicht, „wer eine Sprachstörung hat, könnte Prch nie und nimmer aussprechen." Bei ihr hört sich Prch wie Brpz an.
Das ganze Wochenende lauern wir auf ein erneutes Prch. Es lässt endlos auf sich warten. Erst am Sonntagabend hat Marie ein Einsehen. Unverhofft steht ihre Hassliebe Flora vor der Tür, und nach dem Austausch kleinerer Unfreundlichkeiten kommen die beiden auf die nächste Ferienplanung zu sprechen.
„Wir jetten diesmal nach Hawaii", gurrt Flora großspurig.
„Blöde Gegend", murrt Marie, obwohl sie keine Ahnung hat.
„Auf Hawaii sind aber doch die Stars", beschwert sich Flora.
„Wer das blöd findet, hat 'n Rad ab."
„Die Stars sind ganz woanders", pariert Marie pampig.

„Na, wo denn wohl?"
„Ich sag bloß: Sag ich nich!"
„Weil du's nicht weißt!"
„Prch!"
In dieser Nacht träume ich vom Balkan. Die Namen auf dem Balkan haben alle irgendwie mit Prch zu tun, großes Prch am Anfang oder kleines prch am Ende. Mitten im Traum wache ich auf und will mich auf dem Balkon vom Balkan erholen, da höre ich meine Frau im Schlaf sprechen. Klingt wie Brpz, soll also Prch bedeuten.
Als der Wecker klingelt, bin ich ein Wrack. Meine Frau sagt, so sähe ich auch aus. Marie sagt, dasselbe könne man von ihrer Mutter auch behaupten. Dann gibt sie noch ein Prch von sich und enteilt Richtung Schule.
„Jetzt reicht's!" Ich schaue meiner Frau fest in die Augen. „Dieses Wort ist ein Unding! Erstens existiert es gar nicht und zweitens muss Marie damit aufhören! Auf der Stelle! Ich ertrage es keine Sekunde länger!"
Meine Frau nickt. „Ich habe schon befürchtet ..."
„Prch!" Eigentlich wollte ich: „Was denn?", fragen, aber es ist mir einfach so rausgerutscht. Im Büro wollen die Leute nach meinem dritten Prch wissen, ob ich es mit den Bronchien habe. Ich halte das für eine interessante Idee und mache heute früher Feierabend.
„Biste krank?" Marie zeigt Anteilnahme.
„Luftpfeifen." Ich klopfe mir auf die Brust. „Kratzende Töne beim Sprechen."
Marie kommentiert diesen Befund mit einem nachsichtigen Prch. Das ruft meine Frau auf den Plan und gibt mir endlich Gelegenheit, den Familienrat zu dieser Angelegenheit zu befragen.
„Marie", hebe ich an, „das Prch, du weißt schon ..."
„Och, das."
„Marie, es treibt uns in den Wahnsinn!"
„Prch."

Ich zucke zusammen. Meine Frau zuckt zusammen. Marie zuckt mit den Schultern.
„Marie, was heißt Prch?"
„Pech."
„Pech?"
„Pech. Wenn du das E wegnimmst und ein R hinstellst, haste nich Pech, sondern Prch."
„Kind, erkläre uns nur eins: Wozu das?"
„Pech is langweilig. Prch kommt besser."
Dann stutzt Marie. „Aber jetzt, wo ihr's wisst, muss ich mir ja was Neues einfalln lassen. So 'n Stress!"
„Brpz", schlage ich vor und kann mir das Kichern kaum verkneifen.
„Was ist denn daran komisch?", fragt meine Frau irritiert.
„Prch!", sage ich.

33 Sind Romeo & Julia so hip wie Hänsel & Gretel?

Wir verraten damit ja kein Familiengeheimnis: Marie hat einen Hang zu theatralischen Auftritten. Nun darf sie sogar in der Schule theatralisch sein. Was heißt „darf" – muss! Gala in der Aula. Eltern schweißnass auf Holzstühlen. Ist das etwa nichts?
„Das is nix", mault Marie und blinzelt melancholisch aus dem Fenster. Weil ihr das mit der Zeit zu langweilig wird, bequemt sie sich schließlich zu einer Erklärung. „Ich und Dieter-Thomas, wir solltn das verliebte Paar sein. Echt starke Besetzung, oder weißte vielleicht 'ne bessere?"
„Welches verliebte Paar?"

„Die, die das nich dürfen."
„Romeo & Julia?"
„Sag ich doch. Jede Menge was los. Dieter-Thomas kommt nämlich alle Balkons rauf."
„Verstehe. Und?"
„Und nun nervt Klausi, dass er mein Verliebter sein will!"
„Verstehe. Aber?"
„Aber das geht doch nich!"
Recht hat sie. Klausi ist eine treue Seele, als heißblütiger Held mit Klampfe und Schmachtgesang jedoch eine glatte Fehlbesetzung. Das sage ich natürlich nicht, sondern lieber etwas Konstruktives: „Warum nehmt ihr kein Stück, in dem beide mitspielen können? Gleichberechtigt? Muss ja nicht unbedingt was mit Liebe sein, oder?"
„Oh doch." Marie leckt sich die Lippen. „Dafür kriegt man als Darsteller immer am meisten Beifall. Is wie im Leben."
Aha.
„Die Weltliteratur hält viele tolle Sachen für große Darsteller parat", erwidere ich. „Da könnt ihr aus dem Vollen schöpfen."
„Na schön", sagt Marie resigniert, „schnappn wir uns eben Hänsel & Gretel."
Das hätte ich nicht vorzuschlagen gewagt.
„Klausi kann die Hexe sein, und Dieter-Thomas is dann wenigstens mein Bruder, besser als nix."
„Was wäre, wenn Klausi den Hänsel gibt?" Ich weiß doch, wie der Arme unter dem Dieter-Thomas-Siegermythos leidet. „Er geht die Rolle sicher ganz zurückhaltend an, dann kämst du als Gretel noch größer raus."
„Glaubste im Ernst?" Marie tut zwar noch grüblerisch, aber in Wahrheit gefällt ihr diese Vorstellung sehr. „Glaubst du, Klausi bringt das?"
„Klar, wenn du ihm kollegial unter die Arme greifst."
„Wer muss eigentlich in den Hexenkäfig, er oder ich?" Marie spielt ihre Rolle schon mal durch – im Kopf, wie alle großen Darsteller.

„Er. Das schränkt seine darstellerischen Möglichkeiten leider etwas ein."
„Fein. Wenn das so is, is die Sache gebongt."
Klausi ruft am nächsten Tag an, und er will nicht Marie, sondern mich sprechen. Das heißt: Er spricht nicht, er stammelt. Dank, Dank und nochmals Dank!
„Wofür, mein Guter?"
„Für das mit Hänsel! Marie lässt mich den Hänsel spielen. Haben Sie ihr geraten, sagt sie! Dieter-Thomas ist nur die Hexe! Ich werde mich bei Ihnen bestimmt im späteren Leben erkenntlich zeigen! Gruß auch an die Frau Gemahlin!"
Die Proben? Die verlaufen erst planmäßig, dann mäßig, zuletzt bloß noch im Sand. Marie zickt wegen der Texte.
„So redet doch kein Mensch", empört sie sich. „Ich soll: ‚Frau Mutter, Ihr werdet uns doch nicht allein auf weiter Flur dem garstgen Schicksal überlassen' sagen! Und: ‚Komm, mein Hänsel, sei gewiss, die Steinlein weisen uns den Weg im Mondenschein!' Bin ich denn plemplem?"
Klausi leidet wie immer mit Marie, plädiert aber trotzdem für strikte Werkstreue – schließlich entspricht das Originalwerk ziemlich seinem gewohnten Sprachstil. Dieter-Thomas wittert Morgenluft und will plötzlich nur noch weiter performen, „wenn die ganze Story mehr Coolness atmet, wenn ihr versteht, was ich meine".
Keiner versteht, was er meint, aber sein Vater in London rät am Telefon, es sei an der Zeit, statt der alten Hüte Neuland zu betreten, oder so ähnlich. Daraufhin betritt Dieter-Thomas das Lehrerzimmer und verkündet, jetzt sei Hänsel & Gretel als „Experimentical" angesagt, zur Not würde seine Mutter kurzfristig die Regie übernehmen. Eine außerordentliche Schulkonferenz bestätigt Fräulein Doktor Müller-Heinrich in ihrem Amt als Spielleiterin und spricht ihr außerdem das nötige Vertrauen aus. Fräulein Doktor Müller-Heinrich will eigentlich das Handtuch werfen, aber dann wirft sie doch lieber das Ruder herum und gestattet der Truppe, selbst zu entscheiden,

welche sprachlichen Mittel zum Einsatz kommen sollen.
Bei der Premiere herrscht fieberige Erwartung. Meine Frau hat eiskalte Hände und drückt alle Daumen: „Hoffentlich sagt Marie nicht dauernd ‚geil'."
Marie sagt erst mal gar nichts. Sie steht auf der Bühne, und es herrscht Waldesruh.
„Hänsel, alte Hütte", ruft sie irgendwann, „unsre Eltern habn sich verdammt fies benommen, komm, wir machn uns allein auf die Socken."
Hänsel-Klausi naht aus dem Unterholz und baut sich vor Gretel-Marie auf. „Geschwisterlein", tönt er aus voller Brust, „damit wir heimfinden in der Nacht, werd ich die Brotsamen, die uns geblieben, hier am Wegesrand verstreun."
„Aber nur, wenn's in der Nähe 'ne Imbissbude hat", wirft Gretel-Marie voll banger Sorge ein.
Hänsel-Klausi kann gerade noch: „Tief im Wald, wo Rehlein sich ergehn", loswerden, da hält es das Auditorium nicht mehr aus: tosender Beifall, gemischt mit brüllendem Gelächter.
Dieter-Thomas legt seine Hexe vielschichtig an. Beim „Knusper-Knusper-Knäuschen" bleibt er dicht am Original, aber den Sturz in den Backofen gestaltet er wie einen Saunagang. Weil seine Mutter der Karriere wegen nicht unter uns weilen kann, nimmt jemand von ihrem Hauspersonal das Ganze auf Video auf. Zum Schluss winkt Dieter-Thomas in die Kamera, und aus dem Off ertönt der Ruf: „Und wenn sie nicht gestorben sind, dann leben sie noch heute."
„Klar leben sie noch heute", behauptet Dieter-Thomas bei der anschließenden Premierenfeier, „so was stirbt nie aus. Klausi ist doch genau so 'n trüber Typ wie dieser Hänsel."

34 Wie wird man Leute los, die Ernie und Valli heißen?

Fahren Sie niemals in Urlaub. Lässt sich kaum verhindern? Okay, dann trinken Sie Ihren Abschiedswein am letzten Abend wenigstens ohne wildfremde Leute. Auch nicht immer zu vermeiden? Gut, dann sagen Sie aber zu später Stunde auf keinen Fall solche Sachen wie: „Wenn ihr demnächst zufällig in der Gegend seid, müsst ihr unbedingt bei uns vorbeischauen." Sonst tun die das nämlich.

Der kleine, runde Mann, der eines Tages unsere Terrasse stürmt und freudig ruft: „Hallo, so sieht man sich wieder, wa?", ist mir überwiegend unbekannt.

„Erwin", hilft der kleine, runde Mann nach, „Erwin, der von Mallorca."

„Erwin?" Ich habe keinen Schimmer, aber ein ungutes Gefühl.

„Für dich natürlich Ernie. Eyh, wo sind die anderen?"
„Die anderen was?"
„Frau, Kind und Kegel, alter Knabe." Der Mensch namens Ernie klopft mir auf die Schultern, als hätten wir schon im Kindergarten Brei aus derselben Schüssel gelöffelt.
„Oh", sage ich, und so ist mir auch zumute, „ich weiß jetzt gar nicht …"
„Macht nischt", plappert Ernie heiter weiter. „Ich sag erst mal meinen anderen Bescheid."
„Deinen anderen?" Das ungute Gefühl gerät in Gärung. „Wo sind …?"
„Im Auto." Ernie krempelt die Ärmel hoch. „Am besten bring ich gleich das Gepäck mit, wa?"
„Welches Gepäck?" Ich denke: Gleich holt der seinen Komplizen. Ein Überfall. Am helllichten Tag. Warum geht die Alarmanlage nicht los? Stattdessen springt Marie an die Decke. Schon in der Tür ein gellender Aufschrei. „Ernie!", kreischt sie beglückt, „der Ernie is da! Haste die Zwillinge mit?"
Ich bin bestürzt: Woher kennt meine Tochter Kerle, die klein, rund und aufdringlich sind?
„Papilein", jodelt Marie im Laufschritt, „is das nich oberaffengeil? Die Schulzes sind da! Mami flippt aus, wenn sie das erfährt!"
Ich gehe blitzschnell unsere Verwandtschaft durch. Auch die entfernte. Und die eher entsetzliche. Ein kleiner, runder Ernie zählt nicht dazu, das kann ich beeiden. In diesem Augenblick betritt meine Frau die Terrasse. Ernie fällt ihr in die Arme.
„Diese Überraschung", stammelt sie mit bebender Stimme. Ob sie bebt, weil meine Frau ergriffen oder erschlagen ist, kann ich momentan nicht raushören. Ernie auch nicht, darum brüllt er vorsichtshalber: „War das eine Nacht, wa?", und klopft ihr auf die Schultern, als hätten sie schon im Kindergarten Tee aus demselben Fläschchen genuckelt.
„Du musst noch deinen anderen Bescheid sagen", mahne ich den kleinen runden Ernie. „Wir brennen darauf, sie zu begrüßen."

Kaum ist Ernie um die Ecke, will ich wissen: „Wer ist der Typ? Von was für einer Nacht redet der? Was hat der für Zwillinge?" Und der Vollständigkeit halber frage ich meine Frau gleich noch: „Und wie werden wir ihn so schnell wie möglich wieder los?"

„Letztes Jahr im Urlaub", antwortet sie tonlos. „Am Abend vor dem Rückflug. Wir saßen am Meer und tranken unseren letzten Schluck Wein. Die Sonne ging unter, und mit dem Mond kam Ernie Schulze."

„Allein?"

„Mit Gattin Valerie, Olaf und Oskar, eineiig, vier Jahre."

„Die Zwillinge."

Meine Frau nickt und schielt zur Straße.

„Und wo", flüstere ich stockend, „war ich?"

„Dabei", sagt sie nun gar nicht mehr tonlos, „in erster Linie warst du aber dabei, den Wein zu retten."

„Vor Ernie?"

„Vor Wut. Weil Olaf und Oskar dauernd mit Sand um sich schmissen."

„Und Marie?"

„Marie fand die Kleinen putzig."

„Ich trinke selten Wein", murmele ich. „Wein bekommt mir nicht."

„Stimmt. Ernie hatte deshalb auch große Probleme, deine Einladung überhaupt zu verstehen – sprachtechnisch."

„Ich, ich hab Ernie eingeladen? Ist ja bodenlos."

„Wenn du Wein getrunken hast, lädst du immer Leute ein. Die tauchen bloß nie auf, weil ich immer eine falsche Adresse rausgebe", sagt meine Frau sanft.

„Und wo hat Ernie die richtige her?"

„Von Marie. Wegen der putzigen Zwillinge."

Ernie, Valerie, Olaf und Oskar haben Gepäck für einen längeren Kuraufenthalt dabei. Das Würgen in meinem Hals lässt erst ein wenig nach, als Ernie erklärt, sie seien auf der Durchreise. Ich frage nicht, wo durch. Dafür fragt Valerie, ob es bei

uns Kabelfernsehen gibt, und Olaf und Oskar fangen gleich an zu schmeißen. Weil wir keinen Strandsand haben, schmeißen sie erst mal mit Gras.
Valerie, die genauso klein und rund wie Ernie ist, findet, wir sollten sie Valli nennen. Dann zeigen Ernie und Valli drei Kilo Urlaubsfotos, und Olaf und Oskar haben vom Gras die Nase voll und fangen an, mit Maries Muschelsammlung zu schmeißen.
Marie japst: „Sind die Kleinen nich süß?"
Nach einer Stunde Muschelschmeißen frage ich der Form halber: „Sind die Kleinen nicht müde?" Aber die beiden, sagt Valli, haben bloß Hunger. Beim Abendessen schmeißen Olaf und Oskar mit Ketchup.
„Kinder", verkündet Ernie nach Tisch, „sind das Salz der Erde, wa?" Daraufhin schmeißen Olaf und Oskar mit Zucker.
„Ach, die Buben tun eh nie das, was man sagt", lacht Valli.
Ernie holt noch zwei weitere Kilo Fotos aus dem Auto. „Wir müssen die schnell ansehn", drängelt Valli, „um zehn läuft 'n Horrorfilm auf Kanal elf, den darf ich nicht verpassen."
Meine Frau ist nur noch ein Schatten ihrer selbst. Trotzdem bringt sie mit einem sonnigen Lächeln über die Lippen: „Jetzt trinken wir aber erst mal ein feines Weinchen – zur Erinnerung, ihr versteht?" Ich verstehe.
Damit Olaf und Oskar nicht auch noch mit Gläsern schmeißen, empfehle ich Marie, den lieben Kleinen etwas vorzulesen. „Du, die machen mich völlig fertig", haucht Marie tränenerstickt hinter der Küchentür, „kannste denen nich auch 'n bisschen Wein geben?" Doch die Idee hebe ich mir als letzte Rettung auf.
Leider liest Marie vor Übermüdung viel zu langsam vor, darum zerpflücken Olaf und Oskar das Buch und schmeißen mit den Fetzen um sich.
Der Rotwein macht Ernie rührselig und Valli geschwätzig. „Das Wertvollste am Urlaub", hebt Ernie an, „sind die menschlichen Begegnungen, wa?" Bedeutsames Schweigen.

„Wir haben leider meistens Leute erlebt", legt Valli los, „denen man nie wieder begegnen will."
„Nein", entfährt es mir. „Das ist ja nicht möglich!"
„Doch, doch", beharrt Valli, „dass wir euch hier besuchen, ist wirklich die Ausnahme!"
„Nein", entfährt es diesmal meiner Frau, wobei sie sich den Zusatz: „Das ist ja nicht möglich", stumm auf der Zunge zergehen lässt.
„Ihr ahnt ja kaum, wie kinderfeindlich viele Menschen sind, wa", klagt Ernie.
„Nimm bloß mal unsere Zwillinge", fährt Valli fort, „so friedliche kleine Gesellen. Könnt ihr euch vorstellen, dass die anderen Leuten auf die Nerven gehn?"
„Oh ja", antworte ich. Der Wein tut gut, meine Güte.
„Mein Mann meint, oh ja, er kann sich vorstellen, dass es solche Leute gibt", sagt meine Frau und schenkt mein Glas bei der nächsten Runde nur halb voll.
„Mein ich überhaupt nicht", verkünde ich glücklich. „Wenn eure zwanghaften Zwillinge noch mal mit irgendwas schmeißen, dann schmeiß ich sie raus."
„Mein lieber Mann", sagt meine Frau. Klingt fast bewundernd. Ernie und Valli fehlen die Worte.
„Die Zwillinge schmeißen jetzt mit meinen Kuscheltieren", schluchzt Marie von nebenan. „Was is nun, kriegen die jetzt endlich was von dem Wein?"
Kriegen sie nicht. Dafür kriegen sich Ernie und Valli in die Wolle. Er will sofort das Weite suchen, sie erst nach dem Horrorfilm.
„Das Hotel zum Adler hat ebenfalls Kabel", beruhige ich Valli. „Vielleicht wollen die Zwillinge schon mal ins Auto?"
Die Zwillinge wollen nicht. Weil kaum noch etwas zum Schmeißen da ist, schmeißen sie sich gegenseitig um. Marie telefoniert mit dem Hotel und reserviert ein Doppel- bzw. Vierfachzimmer. Ernie und Valli verabschieden sich ebenfalls reserviert.

„Das hatten wir uns ein bisschen anders vorgestellt, wa?", presst der kleine, runde Ernie hervor. Valli fügt pikiert hinzu: „Erst wird man großartig eingeladen, und dann so was!"
„Großartig eingeladen? Wieso denn großartig eingeladen?" Ich bin jetzt richtig fröhlich. „Ich habe lediglich gesagt, wenn ihr mal in der Gegend seid, müsst ihr unbedingt bei uns vorbeischauen ..."
„Sehr wohl!" Valli reckt ihr rundes Kinn vor.
„VORBEISCHAUEN", wiederhole ich. „Von REINKOMMEN war keine Rede!"

35 Kann Killen durchaus kreativ sein?

Wenn Leute Langeweile haben, spielen sie geselliges Beisammensein. Wenn Marie Langeweile hat, spielen wir Gesellschaftsspiele. Ich weiß wirklich nicht, was schrecklicher ist. Bei so was wie *Mensch ärgere dich nicht* würde ich ja noch stillhalten. Da kenne ich die Regeln, Erbarmen kenne ich natürlich nicht: Wer im Weg ist, muss weg. Leider hat Marie *Mensch ärgere dich nicht* längst von der Liste der gemeinsamen Spiele gestrichen. Sie war der Meinung, ärgern sollten sich immer nur die anderen, und wir anderen mochten diese Ansicht auf Dauer nicht teilen. Die Gesellschaftsspiele, mit denen Marie uns seitdem quält, symbolisieren eine neue

kreative Gesellschaft, dieser Ansicht ist jedenfalls meine Frau. Die Spiele tragen Namen, dass Bedenken- und Zahnprothesenträger besser den Mund halten. *Splash, Crash und dann gibt's Cash* zum Beispiel. Und die Spielregeln lesen sich wie die ehemalige Betriebsanleitung für den Zentralcomputer des Kreml, in einer Raubübersetzung vom Turkmenischen ins Dänische: „Nach Aufgabe der Tarnung Karte A ziehen und Feld 15 besuchen, Gegner dabei endgültig eliminieren, ohne dass er es bemerkt."
Was ist das Kreative daran?
„Das Kreative", meint Birgit, „äußert sich darin, dass unser Kind nicht mehr allein auf das Glück hofft, sondern dem Glück auf die Sprünge hilft."
„Du meinst, Marie schummelt beim Spielen?"
„Man nennt das nicht Schummeln, sondern vielmehr kreatives Manipulieren."
Ich falle aus allen Wolken. Dann fällt mir ein: „Wie kann das eigen Fleisch und Blut Vergnügen daran finden, Mutter und Vater hinters Licht zu führen? In was für einer Welt leben wir denn, wenn die Vertrauensbasis zwischen den Generationen selbst beim Spielen mit Füßen getre...?"
„Reg dich doch nicht so auf", unterbricht mich meine Frau trocken.
Bei der nächsten Langeweile kramt Marie ein Gesellschaftsspiel hervor, das „irgendwas mit Kasperle" zu tun hat. Kasperle ist ja ein netter Kerl, aber inzwischen bin ich vorgewarnt.
„Lass mich erst die Spielanleitung lesen. Diesen kreativen Kram kapiert ein betagter Mensch wie ich sonst nie."
„Vergiss es, ich sag dir, was du machen musst, sonst sitzen wir morgen noch hier."
Dieser Gedanke ist so furchtbar, dass ich aufs Kapieren verzichte. Schließlich ist es ja irgendwie ein Kasperlespiel, was soll da manipulationstechnisch schon groß passieren?
„Also", fängt Marie glücklich an, „ich bin der Held und auf der Flucht vor euch."

„Warum das denn?", frage ich leicht irritiert. „Kasperle, der Inbegriff von Tapferkeit, Rächer der Enterbten und ..."
„Denk an morgen", ermahnt mich nun meine Gattin, „und außerdem bringst du das Kind völlig aus dem Konzept."
Das Konzept geht, wenn ich es richtig verstehe, in etwa so: Teufel und Zauberer haben sich vorgenommen, Kasperle ins Jenseits zu befördern und jagen ihn gnadenlos durch die Galaxien. „Ihr seid mir dicht auf 'n Fersen", stöhnt Marie, „aber beim finalen Schuss werdet ihr euer blaues Wunder erleben!"
„Finaler Schuss?" Ich kenne Kasperle nur mit Klatsche. „Solche Verrohung der Sitten ist ..."
„Das Spiel heißt *Kill Kasperle*", sagt Marie spitz, „können wir nu endlich?"
Wir würfeln und metzeln übers Spielfeld. Eine Falle folgt der anderen. Irgendwann jagt der Teufel (ich) den Zauberer (meine Frau) aus Versehen zur Hölle, bloß Kasperle kommt wie durch ein Wunder immer davon. Wenn es eng wird, kriege ich zu hören: „Moment, du musst jetzt zweimal aussetzen." Oder: „Die Regel schreibt vor, dass Kasperle an dieser Stelle unsichtbar is." Oder: „Haste 'ne Lizenz zum Killen? Haste nich, also zurück zum Startpunkt." Am Schluss sagt Marie: „So, nun darfste dreimal würfeln, und wenn du nich mehr als 19 schaffst, wird Kasperle dich aus dem Hinterhalt umlegen, ganz offiziell."
Ich schaffe dreimal die 6. Macht 18. „Reicht nich", knurrt Marie, und schon ist der Teufel ein toter Mann.
„Könnte es sein, dass irgendetwas irgendwie nicht mit rechten Dingen zuging?", frage ich misstrauisch.
„Zugegeben", sagt meine Frau, „ein bisschen merkt man es noch, aber wenn Marie fleißig weiterübt, kommt sie unweigerlich unter die ersten drei."
„Quatsch, ich werd Sieger", fährt sie ihr dazwischen, „weil ich nämlich auch noch am besten ehrlich gucken kann."
„Stopp! Wovon redet ihr da eigentlich?" Trotz T-Shirt platzt mir der Kragen. „Soll das etwa heißen, in unserem Haus wird

Mogeln systematisch trainiert? Damit stellt ihr das gesamte Erziehungs- und Wertesystem unserer freiheitlich-demokratischen Familiengrundordnung auf den Kopf!"

„Das Erziehungs- und Wertesystem steht doch bereits Kopf", freut sich die Mutter im Haus. „Kreatives Manipulieren ist das Thema der Projektwoche in der Schule! Und damit es jeder verinnerlichen kann, gibt es einen Schummel-Wettbewerb für Gesellschaftsspiele!"

„Und wer gewinnt, wird von der Schule gewiesen?"

„Wer gewinnt, darf fernsehen", gibt Marie freudestrahlend zurück.

Wie im richtigen Leben.

36 Was trennt das Warum-Zeitalter vom Darum-Zeitalter?

Jeder Mensch hat verfassungsmäßig das Recht auf sein Lieblingswort. Das macht ihn glücklich und hält ihn gesund. Vorausgesetzt, er kann es oft genug anbringen. Kann er das nicht, wird er krank, und die Fachwelt spricht von „verbaler Verstopfung". Durchaus schlüssig, finden Sie? Aber was, bitte sehr, geschieht mit den Leuten, die sich dieses Lieblingswort Tag für Tag und rund um die Uhr anhören müssen? Jawohl, dazu hüllt sich die Fachwelt wohlweislich in Schweigen. Zum Glück können wir uns die Frage selbst beantworten: Diese Leute werden entweder taub oder wundergläubig.
Meine Frau und ich plädieren eigentlich ganz klar fürs Taubwerden. Leider geht das bei Marie nicht, dafür spricht sie einfach zu laut. Also wundergläubig. Und nun halten Sie sich fest: Heute, nach vier Jahren, scheint es mit dem Wunder zu

klappen – heute hat Marie noch nicht ein einziges Mal Warum gesagt! Für gewöhnlich bringt sie es auf zwanzig Warums pro Stunde. Der Klarheit halber: Ich meine nicht das lernwillige Warum. Ich meine das mutwillige Warum. Das lernwillige Warum fängt bei Kindern ja meist bei einem Alter von drei Jahren an und geht jahrelang völlig in Ordnung, wie soll ein Kind sonst später groß rauskommen? Aber das mutwillige Warum, das macht einen wirklich fertig:
„Marie, stell doch bitte mal eben den Fernseher leiser."
„Marie, du sollst den Fernsehapparat leiser stellen. Bitte!"
„Mariiiieee, verdammt, drehe das Ding endlich ab!"
„Warum?"
Sehen Sie, das meine ich.
Oder: „Mariele, wenn du deine Schularbeiten fertig hast, gehen wir mit dir ein Eis essen."
„Warum?"
„Warum was?"
„Warum erst nach 'n Schularbeiten?"
„Weil das Eis dann besser schmeckt."
„Mir schmeckt's aber vorher besser."
„Erst die Arbeit, dann das Vergnügen."
„Warum?"
Wir litten Höllenqualen. Zuletzt machten wir kaum noch den Mund auf. Aus Angst vor Maries kommunikativer Keule. Sollte das seit heute tatsächlich alles vorbei sein?
Meine Frau traut sich als Erste. Ich atme flach.
„Mariechen, Schatz, du musst noch an Tante Lotta schreiben."
Sekunden höchster Anspannung: 5 – 4 – 3 – 2 – 1 – …
„Stimmt, die hat ja Geburtstag", sagt Marie. „Also gut."
Unglaublich! Kein Warum! Nichts als Zustimmung! Diese Gnade! Ich neige selten zu Übermut. Aber in diesem Augenblick reitet mich der Teufel.
„Marie-Mädchen", plaudere ich betont herzlich, „wenn man seinen Lieben Freude beschert, dann ist das doch für einen selbst auch Freude, hab ich recht?"

Ein klassischer Warum-Auslöser. Ich sehe, wie meine Frau auf dem Sessel vorsichtshalber in Duldungsstarre verfällt. Jetzt!
„Na ja", sagt Marie, „geht so."
Meiner Frau kommen die Tränen.
„Ich mach das für die Tante ja nich freiwillig", sagt Marie.
„Warum?" Ich bin's, der das fragt.
„Darum", antwortet Marie.
Einfach nur Darum.
Warum beschleicht mich da so eine grausige Vorahnung?
„Sie meint, sie macht das, weil Tante Lotta ihr ja zum Geburtstag auch was schickt", hilft ihre Mutter, „darum halt."
„Darum", nickt Marie und macht sich auf den Weg zu ihren Malutensilien.
„Ich habe es befürchtet, es wird grauenvoll." Schade, dass meine Worte nicht wie bei Darth Vader in *Star Wars* klingen.
„Das Bild für Lotta? Grauenvoll? Marie kann wundervoll malen", antwortet meine Frau etwas spitz.
Ich schüttele düster den Kopf. „Wir sind soeben vom ‚Warum'- ins ‚Darum'-Zeitalter geraten", sage ich. „Und ich schätze, wir werden vergeblich auf ein neues Wunder hoffen."
Um die Bedeutung meiner Ausführungen zu unterstreichen, gehe ich schwer atmend auf und ab. „Mit der Zeit wird uns dann irgendeine innere Stimme die Flucht in den Alkohol raten und uns empfehlen, immer gleich zwei große Gläser zu bestellen. Soll ich dir verraten, mit was?"
„Mit was?"
„Mit den Worten ‚da, Rum'!"
„Darum?"
„Da, Rum!"
„Warum?", fragt meine Frau blauäugig.
So werden die besten Pointen versaut.

37 Hat unser Kavalier etwa auch eine Kehrseite?

Hier die Nachrichtenlage von heute: *** Paris Hilton heiratet zum 15. Mal *** Parlament wird in Palaverment umbenannt *** Marie will andere Eltern haben ***
„Is ja bloß für 24 Stunden", erklärt Marie den überraschten hinterbleibenden Eltern, „ is 'ne Art Test, von der Schule, Art Hausaufgabe."
„Was will man denn testen?", schluckt meine Frau. „Ob wir jammern oder jubeln?"
„Jubeln lohnt nich", belehrt uns Marie, „ihr kriegt dafür 'n andres Kind."
„Wir kriegen bestimmt kein Kind mehr", entfährt es mir mit aller Macht, „das walte Hugo."
Marie würde am liebsten sofort wissen, wer oder was „walte Hugo" ist, aber dann siegt ihr Mitteilungsdrang. „Ich mein doch eins im Austausch mit mir", sagt sie streng, „irgendjemand aus meiner Klasse."

„Irgendjemand kommt mir nicht ins Haus", weigert sich ihre Mutter. „Ich erwarte ganz konkrete Angebote."
Marie grübelt.
„Wie wär's mit Flora?"
„Furchtbar wär's mit Flora", antworte ich hektisch. Das Kind ist so ein Präzedenzfall, da müsste der Elternschutzbund bei uns dauernd Doppelstreife gehen.
„Schön, dann eben Viola", gurrt Marie gönnerhaft.
Weil ich relativ ratlos dreinblicke, erläutert meine Frau: „Das ist die mit dem Bruder, der wie ein Hund heißt."
„Der Nächste bitte."
„Mann, seid ihr mühsam", mault Marie.
„Liefere uns Klausi", sagt ihre Mutter lakonisch, „und die Lösung liegt auf dem Tisch."
„Klausi?" Marie beäugt uns misstrauisch. „Was wollt ihr denn ausgerechnet mit Klausi?"
„Klausi", lasse ich sie wissen, „ist ein Mensch mit Noblesse. Bei dem haben es Eltern bestimmt paradiesisch."
Diese Einschätzung passt Marie nun überhaupt nicht. „Klausi kann einem grässlich auf 'n Keks gehn", murmelt sie verdrossen, „ihr werdet's erleben."
„Wenn wir Klausi wählen, musst du dann zu Klausis Eltern?", frage ich hoffnungsfroh.
„Ja, so sind die bescheuerten Testregeln", antwortet Marie.
„Im Hause Klausi lernst du gutes Benehmen", feixe ich, „so hat das Experiment fürwahr einen tieferen Sinn."
„Bei Floras Eltern würd ich Reichsein lernen", stöhnt Marie, „und bei Violas immerhin Harfe. Gutes Benehmen kann ich doch längst!"
Wegen so viel Dreistigkeit buchen wir Klausi erst recht. Der kommt am nächsten Morgen und hat frisches Baguette dabei. Die Hälfte bekommt Marie mit auf den Weg. „Meine Eltern sind das so gewöhnt", sagt Klausi zu Marie. „Behaupte einfach, du hast selber dran gedacht, das gibt Pluspunkte."
Maries Gesicht sackt in sich zusammen.

„Und nicht vergessen", fährt Klausi wohlmeinend fort, „meine Mutter leidet, wenn man dazwischenredet, mein Vater erträgt keinerlei Widerworte, mein Computer ist tabu für dich und meine Schwester hat Migräne."
„Ich denk, die hat ihren Verlobten wieder?" Marie ringt um Fassung.
„Der ist zum zweiten Mal auf und davon", berichtet Klausi bedauernd, „sei also rücksichtsvoll – und kein Wort zu viel."
„Rücksichtsvoll", fasst Marie mit erstickter Stimme zusammen, „und kein Wort zu viel. Darf ich wenigstens Hallo sagen?"
Klausi nickt, begleitet sie formvollendet bis vor die Tür und wünscht alles Gute. Marie macht sich mit hängenden Schultern auf den Weg.
„Sie tut mir richtig leid", wispert meine Frau. „Wehe, Klausis Eltern meckern mit ihr. Dann werde ich zur Hyäne!"
„Gnädige Frau!" Klausi naht mit schnellen Schritten. „Darf ich bitte das Frühstück vorbereiten? Meine Mutter nimmt den Kaffee immer rehbraun. Bevorzugen Sie eine andere Tönung?"
„Welch köstlicher Service!" Die gnädige Frau lacht silberhell, fast golden. Klausi ist geschmeichelt und erklärt uns, dass Kinder seiner Meinung nach nur eine Aufgabe haben, nämlich alte Menschen glücklich zu machen.
Meine liebe Frau lacht diesmal allenfalls blechern. „Eltern sind aber doch nicht automatisch alte Menschen", rügt sie sanft, „oder?"
„Unbedingt", beharrt Klausi bedauernd. „Wo sich Falten bilden, ist das Jungsein zu Ende – ein physikalisches Gesetz, meint mein Vater."
Meine Frau zählt unsere Augenringe, und kaum ist sie bei fünfzig angekommen, senkt sich Frust auf ihre Züge. „Los, beeil dich", murmelt sie mir zu, „trinken wir Klausis Kaffee, bevor der ebenfalls Falten wirft."
Nach dem Frühstück rät Klausi zu einem ausgedehnten Spaziergang im Wald. „Ich könnte Ihnen den Balzruf der Grün-

spandrossel vorpfeifen", verspricht er eifrig. „Er ist äußerst schwierig, aber ich schaffe ihn meistens."
„Und dann", frage ich lustlos, „bricht die Wildsau durchs Unterholz?"
„Der Wildeber", korrigiert mich Klausi nachsichtig. „Nur die Eber brechen, die Säue üben Vorsicht."
„Du bist ja ein echter Waidmann", lobt ihn meine Frau.
„Kennst du denn auch den Warnruf des gemeinen Baumspechts?"
Klausi kriegt große Augen. „Ich wusste gar nicht, dass der gemeine Baumspecht …"
„Uahklickzirps", lässt meine Frau verlauten.
Ich reagiere verdrossen, weil sie solche Töne mir gegenüber noch nie von sich gegeben hat. Und Klausi will nun doch lieber auf den Wochenmarkt.
„Dort ist das Obst manchmal faul, ich kann Ihnen zeigen, wie man das herausfindet. Habe den Trick von meinem Vater."
„Gut", sage ich, „man muss auch im Alter bereit sein, dazuzulernen."
Leider wird nichts daraus. Kaum nähern wir uns den ersten Ständen, winkt der Marktaufseher mich zu sich heran. „Der Junge da bei Ihnen", knurrt der Mann voll Amt und Würden, „hat hier Platzverbot."
„Im Ernst?"
„Unsere Marktleute kriegen Panik, wenn sie ihn nur sehen."
„Warum? Klaut er?", frage ich ungläubig.
„Er kaut!"
„Er kaut?"
„Er kaut und speit und behauptet, das sei eine wissenschaftlich ausgereifte Prüfmethode."
„Das hat er von seinem Vater", vertraue ich dem Aufseher an.
„Söhne müssen zu ihren Vätern aufblicken dürfen."
„Dann gilt das Platzverbot auch für Sie", sagt der Mann.
„Ich bin doch gar nicht sein Vater", wehre ich mich entrüstet.
„Seien Sie froh", sagt der Mann voller Nachsicht.

Klausi nimmt die Hiobsbotschaft gelassen auf. „Wer Kontrollen verweigert, hat was zu verbergen", lautet sein einziger Kommentar.

„Betont dein Vater auch immer, richtig?"

Klausi nickt glücklich und möchte als Nächstes unser Auto reparieren.

„Es ist völlig okay", beeile ich mich zu versichern, „es war gerade zur Inspektion."

„Die schlampen bei den Inspektionen skrupellos", weiß Klausi besser, „ich finde sicher mindestens drei Pfuschfehler, wenn Sie gestatten."

„Lass ihn doch", knurrt meine Frau hinter vorgehaltener Hand in meine Richtung, „ich will meinen inneren Frieden wiederhaben."

„Und ich will mein Mädchen wiederhaben", zische ich zurück.

„Bei allem Respekt vor Klausis guten Manieren: Der Knabe entwickelt sich zur Plage."

Während Klausi unter unser Auto robbt, ruft meine Frau im Hause Klausi an.

„Einen schönen guten Tag", meldet sich Marie, „wen möchten Sie bitte sprechen?"

„Schätzchen", jubelt ihre Mutter, „geht's dir gut in der Fremde?"

„Danke", sagt Marie bescheiden, „einen Augenblick, ich verbinde weiter."

Klausis Mutter quillt über vor Entzücken. Solch ein wohlerzogenes Kind habe sie noch nie erlebt. „Ganz ehrlich: Mir fehlen die Worte!"

„Sprechen Sie von Marie?", fragt meine Frau konsterniert.

„Und diese Bescheidenheit!", lobt sie weiter. „Wenn ich da an Klausi denke – was für ein Unterschied."

„Und Ihr werter Gatte", fragt meine Frau stockend, „sieht der das auch so?"

„Aber ja doch! Er erklärt ihr gerade, wie man den Frischegrad bei Obst feststellt."

„Sofort die nötigen Übergabebedingungen aushandeln" notiere ich auf einen Zettel, den ich meiner Frau dann vor die Nase halte.

„Ist es Ihnen recht, wenn wir Ihren Klausi so gegen fünf Uhr abliefern?", flötet sie daraufhin ins Telefon.

„Heute in zwei Wochen?", lautet der Gegenvorschlag.

Die Damen einigen sich auf sechs Uhr. Bis dahin hat Klausi vier Pfuschfehler an unserem Auto gefunden. Mehr gönne ich ihm auch nicht.

Der Kinderaustausch wird ein würdiger Festakt. Hinterher hüllt sich Marie in tiefstes Schweigen.

„Klausi ist ein Weltmeister", sage ich, kaum dass wir zu Hause sind.

„Will ich nix von wissen", keucht Marie mit kehliger Stimme.

„Weltmeister im Auf-den-Keks-Gehen", füge ich behutsam hinzu.

„Will ich alles von wissen", kreischt Marie nun mit seliger Stimme.

Aber vorher soll ich ihr endlich erklären, wer oder was „walte Hugo" ist. Ich kenn keinen Hugo.

38 Sind wir zu Hause von schwelenden Konflikten umzingelt?

Der letzte Schulaufsatz von Marie? Gar nicht so übel. Übel sind nur die Folgen.

„Meine Familie besteet aus mir, meiner Mutter und meinem Vater. Und einem Haustier, welches ich nich hab, weil es sonst überall juckd. Meine Familie is ganz nett. Meine Mutter sagt: solang ich noch nich einigermasen groß bin, hält sie sich ziemlich zurüg. Mein Vater hält sich nie zurüg, der arbeitet meistens in einem Büro mit einer dooven Sekretärin. Wenn er nich arbeitet, nennt er meine Mutter meine liebe Frau. Wenn er mein liebes Kind sagt, muss ich immer aufreumen. Mehr verrath ich nich über meine Familie. Marie."

„Hast dich durchaus elegant aus der Affäre gezogen", finde ich fürs Erste. „Was hält denn deine Lehrerin von diesem Sittengemälde?"

„Steht auf der nächsten Seite", muffelt Marie. „Wenn de mich fragst: Die spinnt."
Auf der nächsten Seite steht mit grüner Tinte geschrieben: „Marie, bitte öffne dich! Du musst schon ein wenig mehr von dir preisgeben. Mache einen zweiten Versuch in größerer Ausführlichkeit."
„Die will Sex and Crime", argwöhne ich sofort. „Wobei, das Ding mit meiner Sekretärin, na, ich weiß nicht ..."
„Die will bestimmt auch erfahren, womit ich mich zurückhalte", grübelt meine Frau nun ihrerseits. „Stell dir vor, Mariele, die kommt womöglich auf was ganz Abwegiges!"
„Dieter-Thomas hat geschrieben, seine Familie is überhaupt keine Familie, sondern 'ne Firma", sagt Marie finster, „weißte, was diese Schnalle bei ihm druntergesetzt hat? ,Bitte nenne das Firmenvermögen!' Dieter-Thomas findet, das geht die gar nix an."
„Das geht die auch nichts an", erlaube ich mir ein ehrliches Entrüsten. „Und ich hab immer gedacht, euer Fräulein Doktor Müller-Heinrich sei eine pädagogisch-feinnervige Seele ..."
„Is doch 'ne Vertretung", sagt Marie, „'ne Zackige mit dünnen Waden. Die erzählt dauernd, sie wär 'n echter Fachmann und kriegt uns extra für so 'n Untersuchungszweck. Ich brauch dringend mein Fräulein zurück."
„Ich auch", beschließt meine Frau. Und dann beschließt sie noch: „Papi muss in der Schule nach dem Rechten sehen. Mein Kind ist kein Versuchskaninchen, so weit kommt das noch!"
Was Marie in ihrer Familiensaga unerwähnt gelassen hat: Der Herr Vater hält sich nicht nur nie zurück, der neigt auch niemals zu übereilten Aktionen. Gut Ding will lange Weile haben. Also sage ich nach Einnahme einer besonders lässigen Körperhaltung: „Ich werde keineswegs schulisch intervenieren – im Gegenteil."
„Im Gegenteil?", fragen Mutter und Kind zweistimmig.
„Marie", fahre ich äußerst gelassen fort, „tut, was von ihr

verlangt wird. Sie schreibt einen Text über ihre Familie, der ausführlich, offen und extrem untersuchungsrelevant ist."
„Aber?", fragt meine liebe Frau, denn sie kennt mich schon ein paar Tage länger.
„Aber wir geben Denkanstöße", sage ich zuvorkommend. „In einer intakten Familie greift man sich schließlich gegenseitig unter die Arme."
„Die Arme", flüstert Marie, und ich fürchte, sie meint die Vertretung.
Als Stichwortlisten-Basis wählen wir eine Küchenrolle, weil da eine Menge draufpasst. Außerdem haben Küchenrollen so was durch und durch Familiäres, finden Sie nicht?
„Du wirst mitteilen, dass Mami neuerdings kein Auto mehr fährt", schlage ich als Erstes vor. „Das macht einen vorbildlich ökologischen Eindruck."
„Nein", widerspricht meine Frau, „nachher heißt es noch, ich sei Trinkerin."
Marie schreibt bloß „Trinkerin" auf, das Wort „ökologisch" muss sie noch üben.
„Als Nächstes sind unsere Wohnverhältnisse wichtig", befindet meine Frau, „drum halte fest: Die Familie hat zwar kein großes, aber ein eigenes Dach über dem Kopf."
Marie geht das alles zu schnell, „kein Dach überm Kopf" kriegt sie gerade noch auf die Reihe.
„Und dann unsere musische Ader", betone ich bescheiden. „Welche Familie spielt schon Mozart vom Blatt?"
„Wir? Vom Blatt?" Marie lässt die Küchenrolle sinken. „Seit wann?"
„Kann ja noch klappen", wische ich ihre Skrupel beiseite. „Als Familie muss man stets nach vorn blicken, so will es das Gesetz, und das Gesetz gilt es nicht zu verhöhnen."
Marie malt „Gesetz" und „verhöhnen". Im Übrigen gerät sie allmählich ins Schwitzen.
„Unser familiäres Umfeld", fällt ihrer Mutter nun ein, „gehört gebührend beleuchtet. Die Tradition, das kulturelle Erbe."

„Groß was erben tun wir ja nicht", klage ich in schöner Offenheit. „Der Onkel in Amerika tut so, als hätte er die Finanzkrise erfunden, und Tante Nellies schriller Gatte bringt sowieso alles durch."

„Bringt alles durch", bringt Marie zu Papier.

„Vielleicht interessieren unsere Urlaubsplanungsgewohnheiten", überlegt meine Frau. „Wir gehen äußerst demokratisch vor. Jeder hat eine Stimme und die Mehrheit entscheidet, wessen Meinung unterschlagen wird."

„Unterschlagen", mehr vermag Marie in der Eile nicht zu notieren.

„Ich denke, das dürfte reichen", sage ich zu guter Letzt. „Viel Futter für deine Fantasie, Marie-Maus, und eure Vertretung kann kaum behaupten, dass du dich nicht öffnest. Hast du alles behalten?"

„Nee", stöhnt Marie, „aber alles aufgeschrieben. Am besten, ich halt mich an meine Notizen."

Nach einigen Tagen erfahren wir: In ihrem neuen Text gibt Marie gleich so viel preis, dass es dafür einen Preis gibt. Zur Verleihung wird das stolzgeschwellte Elternpaar kinderlos in die Schule gebeten.

„Im Unterschied zum ersten Versuch", fängt die Vertretung mit den dünnen Waden vorsichtig milde an, „hat ihre Tochter ja wirklich kein Blatt vor den Mund genommen."

„Nicht wahr?", lächelt meine Frau geschmeichelt.

„Es ist, als wollte sich Marie mit einem Paukenschlag – das ist wohl die angemessene Formulierung – von der drückenden Last innerfamiliärer Konflikte befreien", sagt die Vertretung betreten, „und dafür zollen wir ihr allerhöchste Anerkennung – auch wenn dies für Sie als Eltern recht schmerzlich sein dürfte."

„Schmerzlich", frage ich verwirrt, „wieso schmerzlich? Wir kennen den neuen Text ja noch nicht, aber Marie hat doch einen Preis dafür erhalten?"

„Den ersten Preis für Offenheit", nickt die Vertretung, plötz-

lich eher zugeknöpft. „Ich werte sämtliche Aufsätze über das vorpubertäre Familienbild in aufwendigen Testreihen aus. Selbstverständlich ist der Datenschutz voll und ganz gewährleistet. Niemand wird je erfahren, welch prekäres Problempotenzial in Ihrer Familie der Lösung harrt."
„Problempotenzial?", haucht meine Frau erbleichend. „Das habe ich noch nie empfunden."
„Sollten Sie aber", schnarrt die Vertretung nunmehr verdrossen. „In dem Aufsatz wimmelt es nur so vor schwelenden Schwierigkeiten! Die Mutter? Trinkerin! Der Gatte? Bringt alles durch! Damit nicht genug: In Ihrer Familie wird auch unterschlagen! Das Gesetz verhöhnt! Kein Wunder, dass solch eine Familie kein Dach überm Kopf hat!"
Kopflos kehren wir heim.
„Marie", sage ich, „die Geschichte ist unglaublich!"
„Unglaublich gut", strahlt Marie. „Die Testtussi glaubt wirklich jedes Wort."
„Marie", sagt nun meine liebe Frau, „wir wollten dir mit unseren Anregungen nur helfen."
„Habt ihr ja", strahlt Marie. „Jedes Stichwort kommt vor."
„Aber keines kommt richtig vor", schnaufe ich. „Nun denkt die Vertretung, wir sind echte Horroreltern."
„Selber Schuld, wenn die drauf reinfällt", strahlt Marie. „Ich find: Leute, die andre testen, muss man auch mal gegentesten, oder?"
Immer diese Problempotenziale.

39 Bringt die Bodo-Botschaft Klausi um den Verstand?

Neulich. Wohnzimmer. Klausi am Fenster. Marie von rechts.
Marie: „Klausi, du Schnake, warum willste mich heiraten?"
Klausi wirkt verunsichert.
Marie: „Weißte nich? Dann verrat wenigstens, wann du mich heiraten willst."
Klausi wirkt ratlos.
Marie: „Also von mir aus kannste das Ganze ruhig vergessn."
Klausi wirkt verletzt.
Marie: „Du müsstest dich so was von ändern, das schaffste gar nich."
Klausi wirkt betreten.
Marie: „Änderung Nummer eins: deine Vornehmheit. Ich krieg Pickel, wenn du zu meiner Mutter ‚Gnädige Frau' sagst. Die is nämlich manchmal kein bisschen gnädig, sogar eher das Gegenteil!"

Klausi wirkt kleinlaut.
Marie: „Außerdem weißte immer alles besser! Egal, was is, Herr Klausi, sagt Dieter-Thomas, tut, als wär er omnipotent!"
Klausi wirkt verwirrt.
Marie: „Om-ni-po-tent, verstehste?"
Klausi macht zum ersten Mal den Mund auf. „Was heißt denn om-ni-po-tent?"
„Weiß ich doch nich! Und überhaupt: Weiß ich denn, ob du später mal 'n großes Tier bist? Nachher is nix mit großem Tier und ich wär bei Dieter-Thomas viel besser dran!"
Dieter-Thomas ist bekanntlich Klausis Albtraum. Weil Dieter-Thomas all das hat, was Klausi auch gern hätte: elitäre Eltern, eine Hausdame und T-Shirts, die gebügelt sind.
„Dieter-Thomas", sagt Klausi und wächst für Sekunden über sich selbst hinaus, „ist ein Furz!"
„Aber ein echt starker, musste zugeben."
Daraufhin wirkt Klausi noch kleinlauter als vorher.
Marie: „Na ja, ein paar Sachen gefallln mir an Dieter-Thomas weniger doll."
Klausis Züge signalisieren aufkeimende Hoffnung.
Marie: „Ich glaub, Bodo is doller."
Klausi zuckt: „Bodo? Welcher Bodo?"
Marie: „Ein guter alter Freund, kennste nich."
Klausi stöhnt. Mehr muss er im Moment auch nicht tun, weil Marie schon weiterredet: „Bodo ist weggezogen und zieht jetzt wieder her. Seine Mutter hat uns geschriebn: Bodo hält es ohne mich nich aus. Kann ich verstehn. Ohne mich würd ich's auch nich aushalten."
Klausi hält die Botschaft von Bodo nicht aus.
Marie: „Bodo is stark und kann Kopfstand. Und sprechen kann er beim Kopfstand außerdem. Nämlich rückwärts!"
Klausi kann nicht rückwärts sprechen, nicht mal auf den Füßen. Das Gefühl von Unterlegenheit lähmt seinen Redefluss.
Marie: „Wie lang ich Bodo vermisst hab? Drei Jahre. Drei furchtbare Jahre. Oh ja."

Klausi nimmt noch einmal allen Mut zusammen: „Würdest du mich auch vermissen, Mariechen?"
Marie: „Dich? Vermissn? Warum das 'n?"
Klausi gibt sich einen letzten mentalen Ruck: „Mein Vater meint, Menschen ändern sich, wenn sie woanders sind. Vielleicht ist Bodo ja inzwischen längst nicht mehr der Bodo, den du kennst, sondern ein beknackter Bodo?"
Dieser Ausspruch gefällt Klausi derart gut, dass er selig sein Kinn vorreckt.
Marie: „Gestern am Telefon war Bodo jedenfalls süß. Wenn er heut anruft, muss ich ihm leider erzähln, dass du ihn beknackt findest. Dann brauchste dich auch nich mehr zu ändern, Klausi. Wär ganz umsonst."
Klausi ist mental zurück auf null. „Ich wollte Bodo nicht zu nahe treten", bringt er notdürftig heraus, „mein Vater meint, man muss immer erst abwarten, wie sich ein Mensch entwickelt. Wahrscheinlich ist Bodo in Wahrheit nicht die Bohne beknackt."
Marie: „Sondern?"
Klausi zögert und zaudert. Die Übermacht der Bodos dieser Welt lässt sich nicht mehr leugnen. Aber gelegentlich haben auch die Klausis leuchtend lichte Momente: „Om-ni-po-tent! Garantiert ist Bodo om-ni-po-tent!"
Diesmal wirkt Marie sprachlos.
Die Begründung liefert Klausi gleich nach: „Einer, der es ohne dich nicht aushält, muss einfach om-ni-po-tent sein!"
Marie wirkt tief beeindruckt.
„Klausilein", haucht sie nach Ende ihrer Andacht, „wenn ich ehrlich bin: Bodo gibt's gar nich!"
Nun ist es wieder an Klausi, fassungslos zu wirken.
Marie: „Den hab ich bloß erfunden, damit du dringend mit 'm Ändern anfängst!"
„Ab Morgen früh", verspricht Klausi feierlich.
Als Erstes lernt er rückwärts reden.

40 Ist „einer", „keiner" oder „niemals jemand" überhaupt zu toppen?

Statistisch betrachtet sind wir ein ganz gewöhnlicher Dreipersonenhaushalt: Mu-Va-Mijäki (= im Zuge der letzten Volkszählung eingeführtes Kürzel für Mutter-Vater-minderjähriges Kind). Doch ganz im Vertrauen: Diese Angaben täuschen. In Wirklichkeit besteht unsere Familie nicht aus drei, sondern aus sechs ständigen Mitgliedern. Die anderen heißen „einer", „keiner" und „niemals jemand", und sie tragen dafür, dass sie bevölkerungstechnisch nicht recht zum Tragen kommen, recht viel zur Aufrechterhaltung unseres innerfamiliären Friedens bei.

Vor allem wegen Marie. Denn sie hält den ortsüblichen 24-Stunden-Service, den Mütter und Väter zu leisten in der Lage sind, für absolut lächerlich. Marie besteht darauf, als extrem personalintensives Wesen begriffen und behandelt zu werden. Wie das in der Praxis abläuft, zeigen drei Beispiele:

Morgens, vor dem Endspurt in die Schule, mosert Marie: „Mein Füller is weg, ich muss aufs Klo, Mami, pack mir bloß nich wieder diesn staubigen Käse aufs Brot, Papilein, ich hab noch immer kein Taschengeld für die übernächste Woche, kann denn nich endlich mal einer nach dem blöden Füller suchen?"
Wie gesagt: einer.
Nachmittags, im Clinch mit den Hausaufgaben, hadert Marie: „Mathe is ätzend, weil ich nix kapier, Klausi is ätzend, weil er's auch nich kapiert, ihr seid ätzend, weil ihr nich kapiert, dass ich 'n Computer brauch, ich glaub, keiner hat mich lieb."
Wie gesagt: keiner.
Abends, wohlig-faul im Lotterbett, klagt uns Marie abermals ihr Leid: „Da soll man nu glücklich und zufrieden einschlafen – und was kriegt man dafür? Nix kriegt man dafür! Will mir eigentlich niemals jemand was Irres zum Träumen vorschlagen, eh?"
Wie gesagt: niemals jemand.
Um zu vermeiden, dass wir aneinander vorbei denken, darf ich Sie daran erinnern: Marie ist von Hause aus zutiefst bescheiden – ein schlichtes Prinzessinnendasein würde ihr völlig reichen. Denn Prinzessinnen verfügen bekanntlich über einen Hofstaat – hilfreiche Gestalten, die stets hinter der nächsten Tür darauf lauern, dass man in die Hände klatscht, damit sie einem zu Diensten sein können.
Leider hat Busenfreund Klausi den Adel letzthin über Gebühr madig gemacht. „Das mit dem Klatschen sollte man vergessen", gibt er sachkundig zum Besten, „sonst ruft der königliche Betriebsrat einen Streik aus. Wegen der Menschenwürde."
"Was für 'n Rat, was für 'ne Würde?", empört sich Marie. „Die solln doch bloß tun, was ich will, Manno!"
„Auch bei Hofe herrscht Mitbestimmung", weist Klausi ihre Haltung freundlich, aber entschieden zurück. „Mein Vater meint, das ist der Fortschritt."
„Für 'ne Prinzessin is das überhaupt kein Fortschritt", blafft

Marie vor Zorn bebend, „denk mal an die mit der Erbse!"
„Weshalb?" Manchmal kann sich Klausi durchaus auf Ein-Wort-Sätze reduzieren.
„Die mit der Erbse kriegte ihren Prinzen doch bloß rum, weil sie das Ding durch 20 Matratzen oder so gespürt hat, weißte nich mehr? Und nu stell dir vor, dein Würderat streikt: Nee, wir stapeln keine 20 Matratzen, zwei reichen – glaubste, der Prinz hätt die Prinzessin dann noch super gefunden? Erbsen durch zwei Matratzen spürn, das kann ja nu jeder!"
„Hat eine gewisse Logik", gesteht Klausi kleinlaut.
Bei genau dieser Gelegenheit ist Marie übrigens eingefallen, dass sich die Zahl der dienstbaren Geister quasi mit links vermehren lässt – wenn man es nur geschickt anzettelt. Und somit sind wir seitdem von „einer", „keiner" und „niemals jemand" umzingelt. Meine Frau verfügt zu dem Thema über eine kecke Theorie, die sie mir nur zu gern anvertraut:
„Marie ist der festen Überzeugung: Wenn Eltern noch Zeit für andere Dinge haben, beweist das nur, dass sie nicht genug für ihr Kind tun. Richtig?"
„Falsch."
„Richtig. Doch was erlebte Marie bisher, wenn sie uns drängte, ihren Füller zu suchen? Wir antworteten unisono: Such ihn selber!"
„Richtig."
„Falsch. Denn nun ruft Marie bei so was ja nicht mehr nach Mutter oder Vater, sondern nach dem unbekannten Dritten. Nach dem Motto: ‚Kann mal einer?' Richtig?"
„Falsch."
„Richtig. Das ist äußerst clever. Damit bietet Marie einem die völlig neuartige Chance, sich nur indirekt angesprochen zu fühlen. Und wenn du dich dann verweigerst, dreht sie den Spieß um und behauptet: Dich hab ich doch gar nicht gemeint!"
„Richtig."
„Falsch. Der Trick ist nämlich enorm ausbaufähig. Wenn es

mit ‚einer' nicht klappt, ist ‚keiner' dran. Als Steigerung. Bei ‚keiner', denkt Marie, kann keiner widerstehen."
„Falsch."
„Richtig. Für ganz schwierige Fälle gibt es dann ja noch ‚niemals jemand'. Das ist nun wirklich genial. Da wird nicht nur an dich und mich, da wird an die ganze Weltbevölkerung appelliert!"
„Richtig."
„Falsch. Falsch wäre es, das Marie-System zu durchschauen und keine Lehren draus zu ziehen. Am besten, wir signalisieren Verhandlungsbedarf. Falsch?"
„Nein, richtig."
Auf neutralem Boden – einer Pizzeria – unterbreiten wir Marie folgendes Angebot:
„Ich", beginne ich, „bin bereit, den Job von ‚einer' mit zu übernehmen. Deine liebe Mami ist bereit, zusätzlich ‚keiner' zu sein. Aber unter einer Bedingung!"
„Welche?", fragt Marie gänzlich unbeeindruckt.
„Du lässt ‚niemals jemand' sausen. Den schaffen wir nicht auch noch. Sonst müssen wir andere Saiten aufziehen."
„Welche?", fragt Marie, nicht mehr ganz so unbeeindruckt.
„Oh", überlegt meine Frau laut, „wir könnten zum Beispiel beschließen, einen eigenen Betriebsrat zu gründen."
„Das würdet ihr tun?", fragt Marie nun gänzlich beeindruckt.
„Auf der Stelle!", antworten wir im Chor.
„Beide?"
„‚Einer' macht das sofort", sage ich mannhaft.
„Und ‚keiner' macht selbstredend mit", fügt ihre Mutter tapfer hinzu.
„Wenn das so is", schluckt Marie, „leg ich ‚niemals jemand' auf Eis. Versprochen."
„So lang jedenfalls", lächelt Marie lauernd, „bis irgendwer 'ne bessere Idee hat."
Irgendwer? Nicht schon wieder.

41 Soll man den Sternen die Stirn bieten?

Marie misstraut Horoskopen. Erstens stimmen die nie, zweitens stammen die von den Sternen, und drittens sind die Sterne stumm – wie also kommt das Zeug in die Zeitung?
„Dafür sorgen sogenannte Astrologen", erklärt ihr ihre Mutter.
„Astrolügen", echot Marie.
Ich halte mich da raus. Ich kenne jemanden, der ist Schütze und liest immer nur den Text beim Wassermann. Was da steht, befolgt er prompt. Seit zwei Jahren ist der Mann Millionär. Nun weiß ich nicht recht: Vielleicht wäre er längst Multimillionär, wenn er unter Jungfrau geguckt hätte?
„Die Astrologie", fährt meine Frau fort, „ist eine uralte Wissenschaft."

„Klausis Opa is auch uralt, trotzdem glaub ich dem kein Wort", argumentiert Marie ungerührt. „Der redet dauernd von seinem Assistenten, den man kennen muss. Ich will aber seinen Assistenten kein bisschen kennenlernen!"
„Aszendenten." Raushalten ist mir einfach nicht gegeben. „Aszendenten haben was mit den Gestirnen zu tun. Bei allen Menschen, verstehst du?" Zwar versteh ich es selbst kaum, aber es gelingt mir, relativ wissend zu wirken.
Marie guckt uns ungläubig an. „Findet ihr den Astro-Pupskram etwa toll?"
„Och", meint ihre Mutter gedehnt.
„Hm", meint ihr Vater relativ vage.
„Kann doch wohl nich wahr sein", stöhnt Marie. „Ihr seid erwachsene Leute!" Dann erträgt sie die Gesellschaft dieser erwachsenen Leute nicht länger und enteilt mal wieder in den Westflügel des Hauses.
„Du", sagt meine liebe Frau, kaum dass Marie weg ist, „hast du ...?"
„Ich? Wieso ich?"
„Aber irgendwer reißt regelmäßig überall die Horoskope raus", beharrt sie. „Und da ich es nicht tue ..."
„Rausreißen? Horoskope? Solch ein Verhalten wäre mir völlig fremd, Schatz. Du kennst mich doch."
„Hhm. Aber da fällt mir noch eine Möglichkeit ein: Marie."
„Marie?" Ich kräusele die Nase – und da ist flächenmäßig eine ganze Menge Platz zum Kräuseln. „Unmöglich. Die findet Horoskope doch so was von hirnrissig!"
„Hab ja auch nur laut gedacht", rudert meine Frau zurück.
„Andererseits", räuspere ich mich nach kurzer innerer Einkehr, „was man entfernt, hinterlässt ein schwarzes Loch. Wie in ‚Krieg der Sterne'!" Es geht doch nichts über die Allmacht männlicher Logik.
„Vielleicht", grübelt Muttern, gedanklich längst einen Schritt weiter, „tut sie's, weil sie will, dass wir unsere Horoskope gar nicht erst zu sehen bekommen?"

„Als eine Art erzieherischen Akts?"
Meine Gattin nickt gefühlvoll. „Mariechen kann ja nicht ahnen, dass ich dir den ganzen Text immer schon am Telefon vorlese, bevor sie aus der Schule kommt."
„Und dass ich 's im Büro jeden Tag auf Band mitschneide."
„Im Ernst?"
„Wie soll man seine Sterne sonst auswendig lernen?", entgegne ich schuldbewusst.
„Das hast du mir verschwiegen!", klagt sie entgeistert und entschließt sich, ruhig noch ein bisschen länger entgeistert zu bleiben. „Dann müsste aber doch eigentlich in meinem Horoskop stehen: Ihr Mann verbirgt ein großes Geheimnis oder so."
Ich hab noch größere. Doch das gehört hier nicht her.
Bei der nächsten Müllrazzia in Maries Zimmer – Marie selbst zieht es vor, derweil in den Ostflügel auszuweichen – entdecken wir auf Anhieb einen Ordner mit der Aufschrift „Meine Stehrne". Inhalt: sämtliche Horoskopausschnitte, die wir längst verloren wähnten, fein säuberlich mit posthumen Anmerkungen versehen. Neben der Zeile: „Nächste Woche prasselt ein Geldsegen auf Sie hernieder", steht Maries Bleistiftnotiz „Taschengeld alle – alles Lüghe." Unter dem Appell: „Spielen Sie ruhig mit der Liebe, sonst droht die Gefahr der Gewöhnung", findet sich der Satz: „Ich spiel lieba mit Dieter-Thomas, an den gewöhn ich mich gern." Hinter der Warnung: „Wenn Sie jetzt nicht auf Ihre Gesundheit achten, werden sie krank", krakelt der Vermerk „Hab nich geachtet, bin nich krank, musste Arbeid mitschreibn, 'ne gladde Vier minus, Scheise!" Und vor dem Rat: „Zeigen Sie Ihren Angehörigen deutlich, dass man nicht alles mit Ihnen machen kann", hat Marie notiert: „So was Beknackdtes, mit mir kann man alles machn, soll man sogahr!"
Wir ordnen den Ordner wieder der allgemeinen Unordnung unter und verziehen uns. Natürlich rumort Maries Abrechnung mit der Astrologie in uns wie Lauchgemüse, und das hat

Folgen: Kaum lässt sich unsere Tochter blicken, gibt meine Frau bekannt, sie werde ab sofort sämtlichen Sternen die Stirn bieten, und ich bekenne lauthals, schon immer einen Horror vor der Astrologie gehabt zu haben, denn in Wahrheit sei die Milchstraße eine miese kleine Sackgasse.
„Bravo", strahlt Marie.
Wir blicken betreten zu Boden.
„Ihr habt also endlich den Ordner gefunden", setzt Marie ihr Strahlen fort, „und ich hab euch damit endlich gerettet. Das Irre is: Genau so war 's angekündigt!"
„Wo?" Eigentlich will ich nur noch raus und mich 'ne Runde schämen.
„In meinem letzten Horoskop! Da steht: Mit Überzeugungskraft werden Sie Ihre Umgebung auf den rechten Weg führen! Woher weiß das Horoskop das?"
„Weiß nicht", winde ich mich.
„Ich aber", sagt Marie, „von Klausis Opa, wetten?"
Wäre ja kein Wunder, bei den Assistenten!

42 Braucht der Mensch Kinder, damit er was zu reden hat?

„‚Überlegt ma schnell', sagt unsre Lehrerin heut plötzlich, ‚welche Person die wichtigste in euerm Leben is'. Als wenn die da nich selber draufkommt." Marie verdreht die Augen.
„Und was hast du geantwortet?" Reine Routinefrage väterlicherseits.
„Ich."
„Du?"
„Ja, ich. Ich bin die wichtigste Person in meinem Leben."
„Aha. Und die zweit- und die drittwichtigste, hat euer Fräulein Doktor danach ebenfalls gefragt?"
„Türlich."
„Natürlich was?"

„Türlich hab ich die Aussage verweigert."
„Warum?"
„Wenn Klausi und Flora direkt neben mir sitzn, soll ich da sagen, dass Klausi und Flora die zweit- und drittwichtigsten Personen in meim Lebn sind? Wär doch voll peinlich!"
„Aber die viert- und fünftwichtigsten Personen, die konntest du doch verraten, oder?"
„Hat sie nich wissen wolln."
„Und wenn ich's wissen will – ich, dein allerwertester Vater? Vielleicht handelt es sich bei den viert- und fünftwichtigsten Personen zur Abwechslung ja mal um jemanden aus dem Kreis der Restfamilie!"
„Um wen denn?"
„DEINE ELTERN ZUM BEISPIEL!"
„Eltern sind keine wichtigsten Personen, Papa."
„Wie bitte? DU behauptest doch immer, Eltern haben sich ihr ganzes Leben lang um ihre Kinder zu kümmern – und zwar ausschließlich!"
„Manno, das is doch sowieso klar." Sie streckt erhaben ihren Zeigefinger hoch. „Aber wenn's um richtig wichtig geht, isses genau andersrum!"
„Andersherum?"
„Kinder sind für Eltern die wichtigsten Personen!"
„Ach."
„Weil sie denen Freude schenken! Auf ewig!"
„Ach so."
„Und damit die sich immer wohlig fühln!"
„Ach nee."
„Und weil die dauernd über 'ne Menge zu reden habn!"
„Ach was."
Marie nickt und zuckt gleichzeitig mit den Achseln. Ich hoffe, dass Professor Doktor Emanuel von Knörring-Deutschmann zufällig mitgehört hat. Für den Fall, dass nicht, sage ich: „Schreib's mir auf."
„Was denn, Papa?"

„Dein ‚sich immer wohlig fühlen‘."
„Mach ich."
„Und ‚Freude schenken auf ewig‘."
„Mach ich."
„Auf ‚dauernd was zu reden haben‘ lege ich ebenfalls großen Wert."
„Is gebongt."
Danach versucht Marie, sich unauffällig zu entfernen. Doch ich stehe zufällig und ziemlich auffällig im Weg.
„Schreib es bitte gleich."
„Geht's vielleicht später, verehrter Vater?"
„Nein, es geht nur sofort."
Missmutig greift Marie zum nächstbesten Kuli, um umso beglückter festzustellen: „Kein Papier da."
Ich hole einen ganzen Stapel.
Marie setzt sich an den Küchentisch. Umständlich rutscht sie hin und her. Das dauert. Nach geraumer Zeit fragt sie zähneknirschend: „Schreibt sich wohlig mit oder ohne H?"
„Mit." Ein bisschen wichtig ist man als Elternteil also doch.
„Und ewig? Mit oder ohne H?"
„Ohne." Die elterliche Wichtigkeit nimmt laufend zu.
„Und reden? Mit oder ohne H?"
Schwingt da bereits ein Hauch von Einsicht in Marieles Stimme mit?
Ich gucke, sie guckt – weiß der Kuckuck, warum ich kurz entschlossen sage: „Hab dich lieb schreibt sich mit H!"

„Hab euch lieb" steht später als Einziges auf dem Zettel.

43 Werden wir durchs Staubsaugen eine glückliche Familie?

Jeder hat ein Hobby. Der Sinn eines jeden Hobbys besteht darin, dass es keinen Sinn macht. Also beispielsweise Briefmarken sammeln, die man nicht mehr benutzen kann. Oder Champagnerkorkendrähte reparieren, obwohl die Flaschen längst leer sind. Oder Oldtimer verrotten lassen, bis Kuba die Einreise erlaubt. Was einem halt so einfällt, um dem ganz normalen Wahnsinn ein persönliches Profil zu geben.
Maries neues Hobby schlägt da – sorry – ein bisschen aus der Art. Es nennt sich: Staubsaugen.
Eigentlich wollte ich nicht weiter darüber reden. Andererseits: Marie fühlt sich erkennbar wohl beim Ausüben ihres Hobbys. Sogar sauwohl. Das Wort „Sau" war übrigens der Auslöser, die

Initialzündung, das Urerlebnis. Zum besseren Verständnis, finden Sie, müsste ich mehr ins Detail gehen?

Stellen Sie sich folgendes Szenario vor: Marie soll ihr Zimmer erstmals nicht nur aufräumen, sondern auch säubern – nach dreiwöchiger Missionierung seitens ihrer Mutter und einem finalen Donnerwetter meinerseits: „Saustall, dreckiger!!" Urplötzlich (mit anderen Worten: ohne jedes versteckte Signal) zeigt unser Kind eine sogenannte konstruktive Reaktion. Sie fragt äußerst zuvorkommend: „Könnt ihr mir mal verraten, wie ich diesen Saustall jemals wieder klarkrieg?" Dass noch ein bitteres: „Ihr hättet's niemals so weit kommen lassen dürfen!", folgt, vergessen wir im Interesse unseres heutigen Themas einfach.

„Wir besitzen einen Staubsauger", informiert sie ihre Mutter, fast genauso zuvorkommend.

„Einen was?"

„Einen STAUBSAUGER!"

Der nächsten Marie-Frage zuvorkommend, gebe ich eine präzise Kurzbeschreibung ab: „Ovaler Korpus, biegsamer Schlauch, drei Räder, verschiedene Düsen, ausfahrbares Kabel."

„Das Ding, mit dem du einmal die Woche so 'n fürchterlichen Lärm ...?"

Ich bejahe, beinahe stolz.

„Was hat das Ding mit mir zu tun, Papa?"

„Du darfst es ab heute in deinem Zimmer benutzen, Liebes."

„Und dann?"

„Dann sind wir eine glückliche Familie."

Von diesem Moment an staubsaugt Marie wie eine Wilde. Start ist unter ihrem Bett. Die Abermillionen niedlich-winzigen Flöckchen, die dort so dicht an dicht liegen, dass der freundliche Beige-Ton der Teppichware bereits zu dumpfem Dunkelgrau mutiert ist, müssen als Erste dran glauben. Mit stummem Entsetzen verfolgt Marie ihren massiv beschleunigten Abgang und starrt anschließend fassungslos auf den

sauberen Boden. „Ma-Ma-Magie", wispert sie. „Wenn ich das Flora erzähl, die flippt aus!"
Also erst mal telefonieren. Weil auch Flora bislang keinen Staubsauger-Umgang pflegt, erfindet Marie spontan die wildesten Stories über Demo-Düsen, Pilz-Power und Fleck-Entfernungsanzeiger. Flora kündigt ihre baldige Kontrolle an.
Mental derart aufgetankt, staubsaugt Marie ohne Pause weiter. Das Krümel-Planquadrat vor ihrem Schreibtisch verwandelt sich im Nu in eine befriedete Zone. Und weil größere Brotbrocken im Saugrohr melodiös herumlärmen, kümmert sich Marie konsequent um jeden einzelnen dieser Sorte. Der gläubige Glanz ihrer Augen erfüllt das Elternherz mit lang entbehrter Freude. Eine außergewöhnliche Herausforderung in Sachen Saugtechnik stellt die Ecke hinter dem Kindersofa dar. Dort landen für gewöhnlich all jene Dinge, die man mal eben schnell loswerden will. Und wer Marie kennt, der weiß: Im Loswerden-Wollen ist sie spitze.
„Vor dem Saugen musst du größere Gegenstände mit den Händen entfernen", warnt ihre Mutter sie.
Moment mal: Wieso tut meine liebe Frau so, als sei ihr das Saug-Prozedere im Detail bekannt? ICH bin schließlich für den Staubentfernungs-Service in diesem Haus zuständig – SIE entscheidet lediglich über die Reihenfolge der Räumlichkeiten! Doch bevor ich das fällige Kompetenzgerangel vom Zaun brechen kann, verlangt Marie mehr Auskunft: „Gibt's für die größeren Gegenstände kein dickeres Rohr?"
„Nein", antworte ich schnell, damit man mir nicht erneut in die Parade fährt.
„Handarbeit! Is ja wie im Mittelalter ..."
„Hinterher geht das Saugen dann umso effektiver." Das ist wieder meine Gattin. Woher will die das eigentlich wissen? Mürrisch kriecht Marie in die Ecke und klaubt leere Joghurtbecher, vertrocknete Brötchen und dergleichen auf. Den halben Apfel lässt sie liegen.

„Obst geht gar nicht", weist ihre Mutter sie zurecht.
Langsam reicht es! Sie hat ja Recht, aber sie hat nicht das Recht, mir meine Domäne streitig zu machen!
Flugs entfernt Marie den halben Apfel. Dann legt sie sich saugtechnisch voll ins Zeug. Ruckzuck ist die Ecke hinterm Kindersofa klinisch steril. Marie kann es selbst nicht glauben.
„Ich wünsch mir so 'n eignes Teil", keucht das Kind. „So was Abgefahrnes hab ich ja noch nie erlebt! Irres Hobby!"
Meine Frau streicht ihr mütterlich gütig übers Haar. „Wenn dir das Staubsaugen wirklich so viel Spaß macht ..." beginnt sie säuselnd – und bevor ich irgendetwas einwerfen kann, hat sie den Satz schon zu Ende gesprochen: „... dann darfst du's auch im Wohn- und Schlafzimmer tun."
Nein, Birgit, das ist nicht fair! Ausgerechnet Wohn- und Schlafzimmer, wo ich potenzieller Milben wegen immer zweimal ...
„Dein Vater wird der glücklichste Mensch auf Erden sein", strahlt sie. „Stimmt doch, Schatz, oder?"
„Schatz" bin ich, „oder" ist leider nur eine Floskel.
„Si-sa-super", jubelt Marie. „Wann kann's losgehen? Gleich?"
Ich werde Klausi anrufen. Er will Marie heiraten. Dann muss er wissen, was da auf ihn zukommt.

44 Ob die beim Müttergenesungswerk auch Väter aufnehmen?

Erst die gute Nachricht: Gottfrieds Daddy ist Schönheitschirurg. Und nun die schlechte: Marie hat nichts davon gewusst. Gottfried? Das ist doch der, den Marie zu ihrem „Verliebten" erklärte, weil er genauso gern Waldmeistereis aß wie sie. Als Gottfried dann allerdings Richtung Schoko abglitt, begann die Beziehung unter permanentem Siechtum zu leiden.
Nun, kurz vor dem endgültigen Aus, platzt die Bombe. Und zwar in der Zeitung. Die Überschrift auf Seite 1 lautet: „Dr. B. gibt Filmstar ewige Jugend zurück." Und wer steht auf dem Foto neben Dr. B.? Gottfried. Und was steht unter dem Foto? „Genialer Operateur samt erstgeborenem Sohn, der später einmal in seine Fußstapfen treten will." Marie ist wie vom Donner gerührt.

„Das hätt mir Gotti auf keinen Fall verheimlichen dürfen! Dann hätt ich ihm sein Schoko-Eis doch niemals so übel genommen! Mama, Papa, ihr müsst ihn SOFORT um Verzeihung bitten!"
Seit ihrer Geburt hält Marie uns mit ihrer Einfall-Vielfalt in Atem. Nach all den Jahren glaubten wir ernsthaft, jeder noch so dramatischen Situation gewachsen zu sein. In diesem Moment spüren wir es jedoch wieder einmal überdeutlich: Trugschluss – Irrtum – Illusion.
„Wieso um alles in der Welt", frage ich mit brüchiger Stimme und entsprechender Vorsicht, „müssen WIR Gottfried um Verzeihung bitten?"
„Weil ihr mich nich dran gehindert habt!"
„Woran gehindert?" Jetzt scheint auch meine Frau allmählich wieder in der Lage zu sein, zwei zusammenhängende Worte zu formulieren.
„Gotti abzuservieren!"
Marie rast ins Kinderzimmer und kehrt mit einer zerknüllten Zeichnung zurück. Darauf sind zwei Eistüten zu erkennen, die sich am obersten Rand zart berühren. „Das hat er gemalt! Eigenhändig! Lag schon in der Vergiss-es-Ecke unterm Bett! Wie herzlos von mir!"
Ob die Eiskugeln in den Tüten noch aus Gottfrieds Waldmeister- oder bereits aus seiner Schoko-Periode stammen, wage ich nicht zu entscheiden. Die Zeichnung ist in Schwarz-Weiß. Weil Väter für den familiären Pragmatismus zuständig sind, mache ich nach einer kurzen Sendepause folgenden Vorschlag: „Ruf DU ihn doch an."
Doch mein Vorschlag findet keinen Zuspruch.
„IHR seid die Zielgruppe!" Selten sprach das Kind so voller Rätsel. „Denkt an euer Alter!" Was für ein unsensibler Hinweis. „Es fängt ja schon an!" Welch kryptische Bemerkung.
„Marie", sage ich mit aller gebotenen Zurückhaltung, „wie wär's, wenn wir Klartext reden?"
„Klarer kann man gar nich reden", lautet ihre Antwort.

„Wir verstehen trotzdem nicht, worauf du hinauswillst." Das ist nun meine Frau, mit liebender Geduld.
„Heh, habt ihr's noch immer nich begriffen? Gottis Vater is Schönheitschirurg!"
„Ja und?" Meine Wenigkeit.
„Und Gotti will mal dasselbe werdn!"
„Ja und?" Meine Frau.
„Da könnt ihr euch repariern lassn! Und wenn Gotti mein Verliebter bleibt, kriegt ihr Rabatt!"
Wir sind wie vom Donner gerührt.
„RABATT! Erst beim Vater, später bei Gotti, natürlich bloß, wenn ihr dann noch lebt. Is das nich klasse?"
„Das ist ..." Was das ist, verschweige ich wohl besser.
Ihre ach so duldsame Mutter beginnt währenddessen, ein erstes Fazit zu ziehen: „Du würdest Gottfried und sein Schoko-Eis unserer ewigen Jugend wegen weiterhin ertragen? Ist es das, was du uns mitteilen möchtest?"
„Ja."
Ich schlage beschämt die Hände vors Gesicht. Aber das hätte ich lieber bleiben lassen.
„Papi, so schlimm sieht deine Nase nu auch wieder nich aus. Die kriegt Gottis Vater bestimmt einigermaßen hin."
Notgedrungen mache ich die Rolle rückwärts – argumentativ gesehen. „Diese Nase", trumpfe ich auf, „krönt ein klassisches Profil. Diese Nase wird niemals ein Skalpell sehen."
Da ich vergessen habe, die nötigen Ausrufezeichen mitzusprechen, erhebe ich mich und verlasse ohne ein weiteres Wort den Raum. Ich mache einen kurzen Stopp vor dem Badezimmerspiegel. Klassisches Profil? Na, und ob! In meinem Arbeitszimmer werden anschließend die gröbsten seelischen Wunden geleckt. Gleich, denke ich, taucht deine liebe Frau auf, um dich zu trösten.
Leider tut sie das nicht.
Als ich nach 15 Minuten immer noch ungetröstet auf meinen PC stieren muss, versuche ich, einige lärmende Seufzer loszu-

werden. Völlig umsonst. Allmählich wird es mir zu langweilig. Ich wanke zurück, Kurs Nordnordwest, dorthin, wo unser Wohnzimmer liegt. Schon auf dem Flur höre ich erste lebhafte Gesprächsfetzen. Als ich die Tür aufstoßen will, sagt meine Frau gerade: „Und mein Hals – ist der schon truthahnartig?" Ich verzichte auf den Rest des Weges. In der Bibel steht für solche Fälle: Er erstarrte zur Salzsäule.
„Na ja, Kinn und so straffen wär nich schlecht." Das ist Maries fachkundige Diagnose. „Aber ich würd mit 'm Po anfangen, ehrlich." Da mir der Po meiner Gattin am Herzen liegt, platze ich ins Zimmer.
„Auch Busen-Anheben geht ganz iesie", fährt Marie währenddessen fort. „Weil du keinen großen hast, musste höchstens die Hälfte zahln."
Ich baue mich mitten im Zimmer auf.
„Wir hätten dann also", fasst meine Frau konzentriert zusammen und wirft einen bilanzierenden Blick auf ihren Notizblock, „einmal Po, zweimal Busen, einmal Hals, einmal Nase. Und was ist mit den Schlupflidern?"
Aus der Mitte des Raumes frage ich in die gemütliche Runde: „Wer hat hier Schlupflider?"
„Du", antwortet sie.
Ich verlasse die Mitte des Raums und nehme hinterm Fernseher Platz, obwohl dort eigentlich gar keiner ist. „Kann mir mal einer verraten ...", setze ich wutschnaubend an.
„Sei ganz, ganz freundlich. Und richte Gotti aus, Marie mag inzwischen auch Schoko. Sie wird sich spätestens morgen melden." Meine Frau hält mir das Telefon hin. „Die Nummer lautet ..."
Ich erwäge eine Wiederholung der Salzsäule.
„Sollte Gottis Vater dran sein", schlägt Marie noch vor, „kannste ihn ja gleich mal auf 'n Termin ansprechen. Und nu los."
Gott sei Dank meldet sich Gottfried himself. Und der findet Maries Schoko-Schwenk echt goldig. „Blöderweise", schluckt er, „bevorzuge ich neuerdings Maracuja."

45 Golf: Helfen Handys oder reicht ein Handycap?

„Übrigens", sagt unser Kind, wie immer zwischen Tür und Angel, „ich geh nachher mit Dieter-Thomas zum Putten."
„Zum was?" Das Wort Putten ist meiner Frau bisher nicht untergekommen, aber es klingt so, als sei es unheimlich unanständig. Doch bevor sie moralische Bedenken äußern kann, erklärt Marie: „Hat mit Golf zu tun." Und im selben Atemzug: „Die Mutter von Dieter-Thomas fährt uns zum Koart."
„Zum was?" Irgendwie steht meine Frau heute auf der Leitung.
„Das is da, wo man puttet." Marie schüttelt ihr Haupt über so viel Ahnungslosigkeit. „Dieter-Thomas' Mutter hat aber ganz wenig Zeit."
Endlich ein Thema, bei dem meine Frau mitreden kann. „Seine Mutter hat IMMER ganz wenig Zeit." Und dann fügt sie noch spitz hinzu: „Wegen der Karriere." Anschließend däm-

mert ihr allmählich, was das Kind mit „Koart" gemeint haben könnte: „Court – das ist die Clubanlage, richtig?"
Marie guckt herablassend: „Ziemlich lange Leitung." Zehn Sekunden später: „Ich brauch sofort 'n paar Eisen dafür."
„Und ich brauche sofort strenge Bettruhe", entgegnet ihre Mutter. Erstens, weil ihr auch „Eisen" nichts sagt, zweitens, weil sie das um keinen Preis der Welt zugeben mag.
„Herrje, dann muss mir Dieter-Thomas eben die Eisen von seiner Karjere-Mutter leihn", mault Marie. „Leihn wirkt übrigens ärmlich, weißte das?"
„Ich finde, ‚Eisen' wirkt ärmlich", bäumt sich meine Frau mit letzter Kraft auf. „Die feine Gesellschaft nimmt längst Platin!"
Ob dieser Satz einen Sinn macht – und wenn ja, welchen –, scheint meiner Frau schnuppe zu sein, aber Marie ist nachhaltig beeindruckt.
„Das muss ich Dieter-Thomas schonend beibringn", überlegt sie, an ihrer Oberlippe knabbernd. „Sein Vater is nämlich im Vorstand, der hat 18 Löcher."
„18 Löcher?", hakt meine Frau nach, langsam den Faden verlierend. „Welch Schicksal."
Marie zieht es daraufhin vor, im Vorgarten auf Dieter-Thomas und seine busy Mum zu warten. Als der orangefarbene Geländewagen am Straßenrand stoppt, winkt Marie noch einmal hoheitsvoll Richtung heimischen Herd.
„Golfen deine Alten auch?" Dieter-Thomas, der sich neben ihr auf der Rückbank räkelt, will nur mal eben die aktuelle Wirtschaftslage im Hause Marie abchecken.
„Und wie. Golf von Mexiko. Aber mit Platin. Wegen der feinen Gesellschaft." Vor anderen Leuten lässt Marie manchmal nix auf ihre Eltern kommen.
Dieter-Thomas nestelt ratlos an seinen karierten Bermudas, während die Mutter hinterm Lenkrad: „Ich glaub, I love Platin!", von sich gibt und ihre Sonnenbrille mähnen-mäßig hochschiebt. Marie streicht sich derweil wohlgefällig über ihr T-Shirt, auf dem ein Golfball „smiled". Dass sie darunter

eine banale Jeans trägt (was man in Clubkreisen bekanntlich ungern sieht), merkt bestimmt keiner – ihr T-Shirt reicht fast bis zu den Füßen. Dass sie an ebendiesen Füßen banale Turnschuhe trägt (was man in Club-Kreisen bekanntlich noch ungerner sieht), merkt bestimmt auch keiner. Bei so viel Rasen, denkt Marie, renn ich einfach barfuß rum.
Doch daraus wird nichts. Der Pro am Tor besteht der Optik wegen mindestens auf grüne Socken.
„Ich habe ihn extra für euch engagiert", betont Dieter-Thomas' Mutter. „Bob ist Schotte und geizt mit Lob. Bis später, ihr Süßen."
Weil sich weit und breit keine grünen Socken auftreiben lassen, muss Marie ihre Füße so lange in die Bio-Tonne treten, bis sie farblich passend angelaufen sind.
„Ab auf die Driving-Range", befiehlt der Pro als Nächstes, aber vergeblich. „Wir sind zum quicken Putten hier", erinnert ihn Dieter-Thomas, während Marie darauf besteht, dass grüne Socken „modisch völlig haltlos sind".
Schotte Bob schaut ein bisschen beleidigt. Um sich zu rächen, fragt er Marie nach ihrem Handicap.
„Krieg ich zum nächsten Geburtstag."
„Handicap", raunt Dieter-Thomas, „nicht Handy."
„Ach so." Kurzes Überlegen. „Mein einziges Händiekepp is Klausi." An Bob, den Pro, gewandt: „Kennen Sie Klausi, die Schnake?"
Der Schotte kennt Nessies, aber Schnaken sind ihm fremd. Um allmählich mal was fürs Geld zu tun, plaudert Bob lang und breit über die Platzreife. „Sie ist vonnöten, um das Green überhaupt betreten zu dürfen, you know?" Dass Dieter-Thomas ausreichend Reife besitzt, steht für Bob außer Frage. Doch die von Marie scheint ihm keinesfalls sicher. Wer barfuß einlochen will – oh, my goodness ...
„Mister Pro", kriegt er sofort kontra, „noch so 'n Ding, und ich hol 'n Kinderschutzbund."
Den kennt der Schotte auch nicht. Als Pro weiß er aller-

dings, wann der Sieg verspielt ist. Bob entert ein Golfcart und chauffiert Dieter-Thomas mit seinen karierten Bermudas und Marie mit ihren grünen Bio-Füßen quer über die Anlage bis vor einen Sandhang. Bis Marie fragt: „Was is 'n das?"
„Ein Bunker."
„Ich will in keinen Bunker!"
„Man kann nicht rein, man kann nur rauf", beeilt sich Dieter-Thomas zu erläutern.
„Und was soll ich da oben? Runterputten?"
Der Schotte Bob schüttelt leidend den Kopf.
Erst jetzt dämmert Marie, dass das Ganze vielleicht doch kein reines Vergnügen sein könnte. Ihr Vorschlag zur Güte: „Lasst uns doch im Clubhaus putten."
Nun schüttelt sich der Schotte am ganzen Körper.
„Wetten, das bringt da am meisten Spaß? So was nennt man Platin-Putten, versteht ihr?"
Dieter-Thomas schiebt den Schüttel-Schotten auf den Golfcart-Beifahrersitz ab. Während der rumpelnden Retour-Tour weist Marie eher beiläufig auf die Vorzüge von Ketchup und Mayo beim Platin-Putten hin. Da niemand widerspricht, funkt sie über das Cart-eigene Walkie-Talkie schon mal das Clubhaus an und ordert drei Mal Pommes Rot-Weiß mit Cola. Beim Essen erholt sich der Schotte Bob erstaunlich rasch, zumal ihm Dieter-Thomas großspurig eine Flasche Whisky dazubestellt.
„Pro", fragt Marie zum Schluss, „kann ja 'ne Menge bedeuten: Pro-phet, Pro-let ..., was isses denn nu?"
„Pro-st." Mehr bringt Bob nicht zustande.
Auf dem Heimweg im orangenfarbenen Karrieremutter-Auto loben beide Kinder ihr Putten über den grünen Klee. Dieter-Thomas' Mum war zwischenzeitlich beim Juwelier, um sich ein neues Armband zu kaufen. „Platin, was denn sonst?"
Und dann, an Marie gewandt: „Hat unsere süße Kleine noch mehr so wunderbare Trend-Ideen?"
„Bio-Tonnen", antwortet Marie, „mit 18 Löchern."

46 Hund, Hase, Gans, Meer – oder eher ein sonstiges Schwein?

Wer ein Haus hat, braucht auch ein Haustier. Damit Leben in die Bude kommt? Nein. Liebe – Liebe zwischen Kind und Kreatur. Mit dieser knackigen These geht Marie neuerdings heftig hausieren.
„Stellt euch mal vor, wir hättn 'n Meerschweinchen", baggert sie schon beim Frühstück. „Das könnt die ganzen Krümel aufpicken, die auf'm Boden rumliegen."
„Hier liegen keine Krümel rum", verteidigt die Mutter Heim und Herd. „Und außerdem: Picken tun Hühner, Meerschweinchen nagen."
„Hasen nagen", korrigiert Marie.
„Hasen hoppeln", füge ich aus meinem Fauna-Fundus hinzu.

Damit ist es erst mal gut.
Beim Mittagessen startet Marie ihren zweiten Vorstoß. „Hund wär toll. Der würd jetzt zu meinen Füßen sitzen und sich sagn: ‚Ich darf alles, bloß nich betteln‘."
„Fürs Betteln bist ja auch du zuständig." Man muss auch mal die Wahrheit sagen dürfen.
„Aber 'n Hund würd uns aus Lawinen ausbuddeln." Maries nächster Versuch.
„Lawinen? Hier in der Stadt?", zweifelt meine Frau.
„Wir könnten in die Berge fahrn", schlägt Marie unverdrossen vor, „und da könnt unser Hund uns sofort aus den Lawinen aus …"
„Ich finde, Berge haben einen großen Nachteil", fällt mir dazu ein. „Wenn man geradeaus gucken will, stehen die dauernd im Weg."
„Gut", lenkt Marie fast folgsam ein. „Wie wär's dann mit Ziehen?"
„Ziehen?"
„Unser Hund könnt unsern Schlitten durch die ganze Arktis zie …"
Schon bei dem Wort „Arktis" kriegt meine Frau eine Gänsehaut. Das findet Marie so anregend, dass ihr gleich ein neues Haustier einfällt: „Dann nehmen wir eben 'ne Gans!"
„Ganz im Ernst?" Kleiner Scherz von mir.
„Gänse sind wie Alarmanlagen", freut sich Marie. „Schleichen Gängsta ums Haus, schnattern sie prompt laut los."
„Die schnattern eh den ganzen Tag." Wieder ein Hinweis aus meinem Fauna-Fundus. „Und wir? Wir schlottern am ganzen Leib, aus Angst, dass es diesmal vielleicht doch an den Gangstern liegt."
Damit ist zum zweiten Mal erst mal gut.
Vor dem Abendessen läuft die 100. Wiederholung von *Flipper* im Fernsehen.
„Ein Delfin!" kreischt Marie auf. „Ich will 'nen Delfin! Bitteeeee, liebste Eltern!"

Sie finden, „liebste Eltern" sei ein Ausdruck höchster Wertschätzung? Ignorieren Sie ihn trotzdem. Stellen Sie sich stattdessen vor, Sie tapern morgens ins Bad und in der Wanne übt ein graues, torpedoförmiges Wesen Luftsprünge bis unter die Decke. Nein, Moment, stellen Sie sich das noch nicht vor. Ich vergaß nämlich: Delfine sind ja von Haus aus gesellig – da würden also nicht bloß ein, sondern mindestens zwei, drei oder vier torpedoförmige Wesen Luftsprünge bis unter die Decke veranstalten. Noch irgendwelche Anmerkungen zum Stichwort „liebste Eltern"? Danke.

„Ma-rie", sage ich, jede Silbe sorgsam auf ihre tierschutzrelevante Bedeutung abscannend, „Del-fi-ne ge-hö-ren ins off-e-ne Me-er." Natürlich laufe ich mit dem „offenen Meer" ins offene Messer.

„Ha! Im Zoo leben die auch in so 'nem ... Bei uns im Garten graben wir ... da könnten meine Delfine durch Reifen ... Ich nehm Eintritt ... und vorn an der Straße errichten wir 'n großes Schild: Fankie Flipper-Femmilie!"

„Funky Flipper-Family" klingt zwar glücklich, geistreich und global, aber meine Frau meint dazu nur: „Ich bin für Schildkröten."

„Schildkröten?" Jeder Quadratzentimeter in Maries Gesicht drückt Ekel aus.

„Sonst", erklärt sie ihrer Tochter ungerührt, „wandern die nämlich in karibische Kochtöpfe."

„Eine gute Tat", schlucke ich, wobei ich offen lasse, was die gute Tat wäre: Schildkröten ins Haus zu holen oder Suppe aus ihnen zu machen. Man muss sich ja nicht dauernd in die Nesseln setzen.

„Mit 'ner Schildkröte kann kein Mensch schmusen." Der Ekel in Maries Gesicht wandert langsam ihren Hals hinunter.

„Ich hab's: Hamster!" Nur mit wahrhaft konstruktiven Vorschlägen schafft man es, eine festgefahrene Auseinandersetzung spürbar zu entkrampfen. „Das Laufrad bastle ich freiwillig." Ganz unten im Keller dürfte noch eine Laubsäge von

70/71 liegen, für die Mittelachse böte sich eine leere Garnrolle an, als Gitterstäbe kämen Zahnstocher in Größe XXL infrage. Seien Sie mal ehrlich: Sehen Sie das Endprodukt auch bereits in all seiner Pracht vor Ihrem geistigen Auge? „Hamster stinken!" Maries Ekel hat nun auch die Ohren erreicht. „Mundgeruch?", fragt meine Frau interessiert. Schluss. Aus. Feierabend. ICH werfe vorerst keine weiteren Perlen mehr vor die Säue! Apropos Säue ... Stand nicht gerade in der Zeitung, dass sich das eigene Hausschwein immer größerer Beliebtheit erfreut?

„Ein kleines rosa Ferkel, zart quiekend und wie aus Marzipan geformt", schlage ich also vor, während ein leichtes Lächeln meine Mundwinkel umspielt. „Das könnte nicht nur die familiäre Rettung sein, wir würden auch Subventionen aus Brüssel kriegen."

Marie staunt mit offenem Mund. Ihre Mutter schließt ihn lieber.

Den Rest des Abends verbringen wir mit der nervenaufreibenden Frage, wo unser Ferkel denn wohl am besten wohnt. Maries Kinderzimmer kommt kaum infrage. Seit sie dort staubsaugt, ist das kein Saustall mehr. Eine Holzhütte unter dem Küchenfenster? Geht nicht: Die ewigen Essensdüfte würde Fritz – so soll unser Ferkel zu Ehren eines fernen Onkels heißen, der mit Geschenken zwar klotzt, bei Tisch aber unentwegt kleckert – als seelische Grausamkeit empfinden. Kurz vor den Spätnachrichten einigen wir uns auf Maries ehemalige Sandkiste – mein Vorschlag, ist klar. Ab und zu ein wenig Wasser rein, und Fritze suhlt sich stets in artgerechtem Modder.

„Mami", gähnt Marie, „manchmal strotzt Papi vor Ideen, ist das nich komisch?"

Schwein gehabt ...

47 Wie heißt die beste Girl-Group aller Zeiten?

Marie hat die Nase voll vom E am Ende. „Weil Flora Flora heißt und Viola Viola." Denn: „Dreimal A kommt bei 'ner Schoh viel besser."
Nach dieser Bemerkung verschwindet sie hoheitsvoll in den Tiefen des Hauses. Wir denken angestrengt nach, memorieren das eben Vernommene mehrfach, bis meine Frau meint, der Lösung ganz, ganz nah zu sein: „Was würdest du sagen, wenn ich behaupten würde, Marie gründet grad eine Girl-Group?"
„Ich würde sagen: Zusammen mit Flora ist schon nach der ersten Strophe Schluss."
„Weil eine von beiden den Text vergisst?"

„Ich würde sagen: Weil beide den jeweils anderen Text bescheuert finden."
„Du glaubst, die sind sich auch gesangstechnisch nicht grün?"
„Ich würde sagen: Konkurrenz bis zum Koma!"
Sie nickt, wieder und wieder, spürbar widerwillig. Dabei kennt sie doch die Beste-Freundin-feste-Feindin-Thematik. Immer, wenn man denkt, jetzt hat der Zickenkram ein Happy End, passiert der nächste Klops. An wem es liegt? An Flora natürlich.
„Zum Glück", fällt meiner Frau nun ein, „hat Viola ein ausgleichendes Wesen. Die muss dann eben schlichten."
„Viola wird sich den Mund wund schlichten und danach keinen einzigen Girl-Group-Ton mehr treffen." Ich weiß, man sollte positiv denken. Aber denken Sie mal positiv, wenn das Desaster seine langen Schatten ...
Bereits nach wenigen Minuten kehrt Marie zu uns zurück. Sie streicht mir wohlwollend durch mein lichter werdendes Haar und sagt: „Papilein, du wirst der Männetscher. Lass dir als Erstes 'nen Namen für unsere Görl-Gruhb einfalln. Und dann brauchen wir jede Menge Papplissitie."
Ich – Manager? Ich – Publicity? Sollte mich wohl geschmeichelt fühlen! Ein Blick auf Maries Mona-Lisa-mildes Lächeln genügt: Stimmt, genau das soll ich.
Nun wendet sie sich an ihre Mutter: „Mamilein, du machst unsre Korreo..., diese Dings – oder soll ich die Karjere-Mutter von Dieter-Thomas fragen?"
„DIE hat doch sowieso nie Zeit", gibt die gute Mutter zurück. Sie jedoch hat wiederum keine Ahnung von Choreografie. Na, das kann ja heiter werden. Immerhin verfügt Maries Girl-Group nunmehr über einen sowohl kaufmännisch als auch künstlerisch wertvollen Background, wodurch dem steilen Aufstieg theoretisch nichts mehr im Wege steht.
„In drei Monaten müssen wir berühmt sein", erklärt Marie. „Länger will Flora nich warten, sonst gründet sie 'ne eigne Bänt."

„Und Viola?", fragt meine Frau der Gerechtigkeit halber.
„Viola würd am liebsten ihren Tasso-Bruder als Dänzink-Eckt einsetzn. Aber das macht die ganze Görl-Pauer kaputt. Wir habn selbst genug Ännedschi!"
Dancing-Act, Girl-Power, Energy – hey, wenn ich nicht aufpasse, geht das Ganze doch glatt ohne mich über die Bühne! „Morgen", sage ich deshalb zumindest semi-souverän, „hab ich einen coolen Namen für die Group. Übermorgen startet deine liebe Mami mit den optischen Highlights. Und ab überübermorgen sorgt die Presse fürs Image-Branding. Okay, Baby?"
Marie taumelt selig in ihr Zimmer, um die beiden anderen A's mit den smarten Start-up-Maßnahmen zu beeindrucken.
Meine Frau und ich haben eine unruhige Nacht. Gegen fünf Uhr früh rüttelt jemand heftig an meinen Füßen. „Wie heißen wir denn nu?"
Es ist natürlich Marie – frisch wie ein Wildwasserbach. Also antworte ich einfach: „Wildwasserbach."
„Wiiieee bitte?"
Schlaftrunken wiederhole ich das Wort.
„Nich schlecht." Marie guckt durchaus bejahend.
Im Ernst? Es geht mir gleich besser.
„Fehlt nur noch 'n Tatsch Autenziteet."
„Wie wär's mit ‚Wilde Wasser'?", tönt es nun von der anderen Bettseite. „Ein derartiger Name lässt sich sehr dynamisch in gruppenspezifische Bewegungen umsetzen." Jetzt weiß ich, warum meine Frau in der Nacht so gestrampelt hat.
„Klasse! Ich bin das Wilde, die andern sind das Wasser!" Eine Minute später reißt Marie ihre Mit-A's telefonisch aus dem Schlaf und beordert sie für abends zu einer ersten Session in unseren Keller.
Ich flüchte unter die Dusche. Dort frage ich mich: Wenn Maria & Viola & Flora singen – wer macht dann die Musik dazu?
„Klausi, Dieter-Thomas und Gottfried", meint Marie beim gemeinsamen Frühstück.

„Wissen die das schon?"
„Ich sag's ihnen nachher in der Schule."
Da kann man mal sehen, wie easy es im Showgeschäft zugeht. Wenn, ja wenn es dieses EINE klitzekleine Problem nicht gäbe, auf das Girl-Group und Boy-Band gegen 19.30 Uhr beim Sound-Check stoßen. Das Problem lautet, auf einen Nenner gebracht: Was singen und spielen wir eigentlich? Man sitzt ratlos in der Runde, schlürft Brause und harrt einer göttlichen Eingebung. Gegen 20.30 Uhr wird Klausi von einer solchen ereilt.
„*Schnappi, das kleine Krokodil*", sagt Klausi.
Die Antwort ist ein kollektives: „Buuuh!"
„*Ich bin ein Gummibär*", schlägt er als Nächstes vor.
Die Antwort siehe oben.
„*Guten morgen, liebe Sonne*", macht er noch einen Versuch.
Rolf Zuckowski! Kein weiteres Gemeinschafts-„Buuuh!"
Stattdessen erheben sich alle außer Klausi und strömen voller Entsetzen aus dem Keller.
Oben zischt Marie mir zu: „Ruf 'n Arzt."
„Hals-Nasen-Füße?"
„Nee, Klausi is verrückt geworden", nuschelt Marie und sucht zum ersten Mal seit vielen Jahren wieder die hilfreiche Nähe ihrer längst ausrangierten Kuscheltiere.
Während Viola und Flora grußlos das Haus verlassen, Dieter-Thomas seine busy Mum per Handy um Abholung ersucht und Gottfried stöhnt: „Brauch sofort ein Maracuja-Eis!", steige ich vorsichtig abwärts zu Klausi. Der sitzt solo zwischen den Regalen und macht einen äußerst zufriedenen Eindruck.
„Was ist passiert, Klausi?"
„Ich hatte eine geniale Idee."
„Zu genial für den Rest der Menschheit?"
„Die werden mir noch die Füße küssen."
„Müssen es unbedingt deine Füße sein?"
Wir einigen uns darauf, diesen Punkt zunächst auszuklammern.

„Man hat mir leider nicht bis zu Ende zugehört."
Langsam werde ich ungeduldig: „Was, zum Teufel, ist denn nun die geniale Idee?"
„Kindergartenlieder."
„???"
„Kindergartenlieder in Rap-Version."
„???????"
„Alle meine – boomtschaboomtscha – Entchen schwimmen – boomboom – auf – boomboom – dem – boomboomboom – See, Köpfchen – tschaktschaka – unter Wasser, Schwänzchen – yipyip – in die Höh'!"

****

„Wilde Wasser" stehen inzwischen ganz vorn in den Charts. Titel ihres Albums: „Superchicken-Powermix" (Volume 1). Volume 2 wird es übrigens nicht geben. Maries feste Feindin hat heimlich ihre eigene Band aus dem Boden gestampft. Name: „Flora & die Rusty Virgins".

48 Woher weiß Marie, wie das wahre Leben tickt?

Das Feinste am Fernsehen ist die Welt der Werbung. Darum guckt Marie vor allem Sender mit viel Reklame. Die Programme drum herum sind ihr meistens ziemlich schnuppe. Hauptsache, es gibt jede Menge und möglichst lange Commercials, in denen es vor glücklichen Kühen, glücklichen Müttern und glücklichen Autos nur so wimmelt. Zu ihren Favoriten unter den TV-Spots zählt dieser Dr. Fest. Der taucht wie ein Gespenst aus dem Nichts auf und rettet verzweifelte Frauen, die hilflos vor vergammelten Waschmaschinen knien, indem er ihnen ins Ohr flüstert, wie sie den Schmutzteufel aus den Jeans ihrer herumsauenden Kinder rauskriegen. Mit Litschiglitschi nämlich (aus wettbewerbsrechtlichen Gründen sind dieser und alle weiteren Produktnamen leicht verfremdet). Anschließend springen die verzweifelten Frauen auf und

umarmen Dr. Fest. Dass der Alte die Situation nicht ausnutzt, sondern bloß scheel lächelt, verleiht der Sache aus Maries Sicht unglaubliche Glaubwürdigkeit. „Sooo 'n netter Nachbar", sagt sie. „Kein bisschen blöd wie unsre. Mamilein, du musst jetzt auch Litschiglitschi nehm, klar?" Klar.
Die Fernsehwerbung mit der längsten Kantine der Welt begeistert Marie ebenfalls enorm. Da irren hungrige Arbeitnehmer mittags über ein hygienisch fragwürdiges Werksgelände, man hört sogar das Knurren ihrer Mägen, und Hastenicht-gesehen stellt sich ihnen eine blonde Fee in den Weg und säuselt: „Mir nach, Männer!" All die Kerle marschieren in Reih und Glied hinter ihr her und werden in einem endlos langen Gourmet-Restaurant mit Pizza auf das Li-La-Leckerste verköstigt.
„Die Fee is soooo freundlich und isst jedes Mal mit", kommentiert Marie die Geschichte nach der 20. Ausstrahlung. „Ich will jetzt auch diese Pizza, klar?" Klar.
Besonders die Slipeinlagen-Botschaft eroberte das Herz von Marie im Sturm. Fantastisch, was ansonsten total unsportliche Frauen damit bewerkstelligen: Radrennen, Fallschirmspringen, Surfen, Tennis spielen – Sachen, die Marie ebenfalls rasend gern können möchte, aber wegen der mühsamen Ausüberei bisher nie ernsthaft in Erwägung zog. Nun sieht man das Ganze selbstverständlich mit völlig anderen Augen. „Wenn diese Sandrina-Dinger alles sooo einfach machen", beschließt Marie, „brauchen wir die auch, klar?" Klar.
Voll wollüstigem Wohlwollen schaut Marie auch die Spots für Subito-Schlankheitsdragees: Pi-pa-pummelige Mütter flutschen wie aus heiterem Himmel in enge, bunt schillernde Kleidchen, weil sie plötzlich keine Blähungen mehr haben. Beim Schlusssatz: „Los, lauf, kauf und kau!", stürzt Marie regelmäßig zur Haustür. Dort stehen meine Frau oder ich im Weg und schütteln entschieden den Kopf. „Ihr wisst doch, dass ich bunt schillernde Kleidchen sooo liebe", zetert Marie, „und dass man da bloß reinpasst, wenn man ..., klar?" Klar.

Neben grandiosen Glücksverheißungen halten die TV-Werbeblöcke manchmal allerdings auch arge Ärgernisse für Marie bereit – was sie nicht am Weitergucken hindert, schließlich sorgt Wütendwerden ja für einen rosa Teint. Rasend erregen kann sie sich über die dauernden Poff-Aroma-Clips, in denen einfältige Väter dämlich grinsen, weil sie unfähig sind, duftversiegelte Kaffeeschachteln ohne Schweißbrenner zu öffnen. Prompt eilen Töchter mit blonden Zöpfen herbei, schimpfen neckisch: „Papi, du Dummer!", und knacken die Packungen alsdann in Millisekunden auf. „Sooo schnell funktioniert das nie, niemals!", weiß Marie aus eigener Erfahrung. „Der Poff-Kaffee kommt uns nich ins Haus, klar?" Klar.
Zusehends zwiespältig reagiert Marie auf Landleberwurst-Werbung. Rein zufällig bin ich anwesend, als auf dem Bildschirm fröhliche Familien über frisch gegrünte Wiesen tollen und sich schließlich mittendrin zum Picknick niederlassen. Sofort zeichnet wachsende Skepsis Maries Züge. Gebannt verfolgt sie jeden Bissen, lauert auf spitze Schreie des Entsetzens, doch die bleiben bekanntermaßen aus, schließlich macht Butzi-Brotbelag happy, nicht etwa hysterisch. Frustriert greift Marie dann selbst zu einem Landleberwurst-Häppchen. Während sie lustlos kaut, ahne ich, was ihr fehlt: Die Rücksicht auf konträre Picknickerlebnisse. „Wenn man 'ne Wolldecke auf die Wiese knallt und 'nen Korb mit Essen und Trinken dazustellt", stöhnt Marie, „sind die Ameisen, Würmer und Käfer schneller da, als man ‚Mahlzeit' sagen kann. Haste bei diesen Leberwurstleuten auch nur EINE einzige Ameise, EINEN einzigen Wurm oder EINEN einzigen Käfer entdeckt? Ich nich!"
„Vielleicht mögen Ameisen, Würmer und Käfer keinen Butzi-Brotbelag?" Könnte doch sein. „Aber ich – ICH soll den mögen! Die spinnen wohl!" Empört drückt Marie auf die Austaste und enteilt Richtung Terrasse. Was von ihr zurückbleibt, ist einzig der markante Satz: „Hab genug von den Nachrichten!" Nachrichten? Klar. Werbung ist doch das, wo man sich nach richten soll.

49 Was tut die Medizin bei zuviel Gequatsche?

„Ihre Tochter ist ein Talkaholic!" Dr. Schneider-Zahn, unser Kinderarzt, war noch nie ein Freund vieler Worte. Wann immer Marie kränkelte und er sich zu einer Diagnose genötigt sah, bestand diese aus einem einzigen Satz, den er betont behäbig bekundete.
„Ihre Tochter hat Masern." Na schön.
„Ihre Tochter braucht Hustensaft." In Ordnung.
„Ihre Tochter leidet unter Plattfüßen." Wenn's denn sein muss.
Aber so etwas wie Talkaholic hat Dr. Schneider-Zahn bislang nicht zu bieten gehabt. Marie verzieht sich verstört auf die Praxistoilette, während meine Frau fragt: „Ist das ansteckend?" Ich wage eine väterlich verhaltene Interpretation:

„Wollen Sie damit sagen, dass Marie zu viel quatscht?"
„Eindeutig."
„Kann das behandelt werden?"
„Ja."
„Wie?"
„Fragen Sie besser, wo."
„Also gut: wo?"
„In China."
„Und wie behandeln die das in China?"
„Den Mund zunähen. Mit zwölf Stichen."
„Für wie lange?"
„Eine Woche."
„Glauben Sie, Marie hält still?"
„Nein."
Auf dem Heimweg reden wir alle gleichzeitig. Marie behauptet stereotyp, sie sei absolut kein Holick, meine Frau zetert das Gesundheitssystem in Grund und Boden, weil es Schutzimpfungen verweigert, und ich bitte ständig ums Wort, krieg's aber nicht. Bis Marie sich schließlich vor mir aufbaut: „Sag doch endlich auch mal was."
„Ein Workaholic", beginne ich, „ist krankhaft arbeitssüchtig."
„Das gibt's?", schluckt meine Frau.
„Ein Talkaholic", fahre ich fort, „ist krankhaft redesüchtig."
„Das gibt's nich", stammelt Marie.
„In China werden solche Leute ..." Der Rest meines Satzes wird vom Verkehrslärm verschluckt.
Die Konsequenzen lassen nicht lange auf sich warten. Waren Sie schon mal auf dem Weg zum Mond? Wie das Schweigen im All geht es seitdem bei uns zu Hause zu. Keine Diskussionen mehr ums Fernsehprogramm. Kein Wortwechsel mehr wegen der Bräunungstiefe diverser Toasts. Kein Feilschen mehr um die Rangfolge im Bad. Nach 48 Stunden fange ich an, mich zu langweilen.
„Schatz", versuche ich den Dialog mit meiner Frau anzukurbeln, „dass Marie in tiefe Stille verfällt, ist ja Sinn der Sache –

aber warum redest DU auch nicht mehr mit mir?" Sie greift zu Papier und Kuli und schreibt: „Mütterliche Solidarität zählt zu den höchsten familiären Tugenden."
„Schatz", versuche ich den Dialog mit ihr trotzdem ein wenig zu forcieren, „können wir nicht wenigstens miteinander flüstern, sodass Marie nichts merkt?"
Diesmal steht: „Marie merkt alles", auf dem Block.
„Schatz", versuche ich den Dialog zu einem würdigen Ende zu führen, „was dagegen, wenn ich bei der Feuerwehr anrufe? Vielleicht unterhält sich da ja jemand mit mir."
„112" notiert sie auf ihrem Block.
Und Marie? Marie hockt im Kinderzimmer auf dem Boden und macht Yoga (oder so). Dabei kommt jedoch kein einziges „Omm" über ihre Lippen.
„Du", hauche ich wie der Flügelschlag eines Falters, „musst ja nicht gleich vom Talkaholic zum Dumbaholic werden."
Anstatt zu fragen, was das nun wieder ist, hebt sie lediglich ihre Augenbrauen leicht nach an.
„Dumbaholics schweigen – rund um die Uhr", erkläre ich ihr gewichtig. So stelle ich sie mir jedenfalls vor. Immerhin steht „dumb" unter „stumm" im Englisch-Wörterbuch. Marie versinkt noch tiefer im Lotus-Sitz (oder so).
Der fällige Anruf aus der Schule erfolgt schneller als erwartet. Fräulein Doktor Müller-Heinrich scheint äußerst bestürzt.
„Sonst ist das Kind pausenlos am Plaudern, ich hatte mich deswegen ja auch schon bei Ihnen beschwert. Wissen Sie noch, wie Sie diesen Sachverhalt zu erklären versuchten? Marie sei ein kommunikativer Mensch, sagten Sie, und der Kommunikation gehöre die Zukunft. Aber nun ..."
Das Fräulein Lehrerin klingt, als wäre sie am Ende ihres Lateins.
„Aber nun?", frage ich vorsichtig.
„Aber nun verzichtet Marie auf jede Form von Äußerung!"
„Sie meinen, sie hält die Klappe?"
„Exakt."

„Marie durchlebt zurzeit eine sogenannte nonverbale Phase", argumentiere ich atemlos. „Die wurde ihr ärztlich verschrieben."
„Die Arme." Die große innerfamiliäre Ruhestellung hält derweil unvermindert an. Wenn ich im Büro bin, verkehrt meine Frau nur mittels SMS mit mir. Wenn ich im Haus bin, schiebt Marie Zettel unter den Türen durch. Wenn ich im Garten bin, schicken mir die beiden Botschaften per Papierflugzeug durch den privaten Luftraum. Welch Glücksgefühl, als Klausi plötzlich in der Auffahrt auftaucht.
„Entschuldigen Sie die Störung, aber bedauerlicherweise hüllt Marie ..." Bevor Klausi die ihm eigene Höflichkeit mal wieder bis zum Anschlag ausreizen kann, drücke ich ihn väterlich streng in unsere Hollywoodschaukel und murmele: „Es ist ein Geheimnis und das muss es auch bleiben. Nur ein Wort: Schweigegelübde!"
Klausi zeigt sich äußerst verständnisvoll. „Wenn Sie ein Schweigegelübde abgelegt haben und mir deshalb nicht verraten dürfen, was Marie ..."
„Nicht ich – SIE!"
Klausi zeigt sich äußerst verständnislos.
„Seit wann sagen Sie denn ‚Sie' zu mir? Außerdem habe ich wirklich kein Schweigegelü..."
Der Wahnsinn schreitet voran.
„NICHT ICH, NICHT DU – MARIE HAT EIN SCHWEIGEGELÜBDE ABGELEGT!!"
Zu mehr gedanklichem Tiefgang fehlt mir im Moment einfach die Tinte.
Klausi stottert: „Ach Gott, acht Gott", und tritt eiligst die Flucht an.
Tage später. Die septische Stille in allen Räumen wirkt schon so normal, dass ich anfange, mit mir selbst zu reden. Über so wichtige Dinge wie: Rasieren? Ja, wäre nicht verkehrt. Die Garage fegen? Okay, wird erledigt. Muss das Auto eigentlich

vorher raus? Die Wurst schmeckt nach Käse? Vielleicht sollte man beides doch lieber nicht zusammen in ein Fach packen! Der Käse schmeckt nach gar nichts? Wahrscheinlich fehlt ihm die Nähe zur Wurst.
Meine Frau leidet unter meinem Geschwafel und lässt sich von mir krankschreiben. Marie hört zwar zu, hält aber konsequent den Mund. Als das Telefon bimmelt, bin ich der Einzige, der sich rantraut.
„Hier spricht Dr. Schneider-Zahn."
„Guten Tag."
„Im Ernst?"
„Nein."
„Wie gebärdet sich …?"
„Sie schweigt – total."
„Waren Sie denn zwischenzeitlich in China?"
„Nein."
„Umso erstaunlicher."
„Doktor, wir sind … es ist … Sie müssen …"
„Wann?"
„Sofort."
Lähmende Stille in der Leitung. Herr im Himmel, wenn der nun auch das Sprechen eingestellt hat!? Nach einer Weile beginnt sich Dr. Schneider-Zahn immerhin leise zu räuspern.
„In vorliegender Angelegenheit sollte ich", sagt er weitere Minuten später, „die Patientin wohl doch besser vor Ort begutachten." Ich will gerade entkräftet auflegen, da folgt ein zackiges: „Halten Sie Ihre Tochter bereit. Es gibt da einen neuen, gewissermaßen römischen Aspekt."
„Wir haben einen Römertopf. Soll ich den …"
„Niemals!"
Irgendwie wirkt der Doktor plötzlich wie von Unruhe getrieben. Trotzdem verspüre ich Zuversicht und verkünde das ärztliche Kommen im Kreise meiner Lieben. Marie selbst sieht dem Hausbesuch äußerst stoisch entgegen. Als Dr. Schneider-Zahn dann leibhaftig im Türrahmen steht und

erklärt, er müsse mit ihr unter vier Augen schweigen, sagt sie lässig: „Gehn wir in mein Zimmer."

„Hat sie – hat sie – hat sie – eben gesprochen?" Sicher bin ich mir nicht, so ungewohnt hörte es sich an.

„Sie hat!", schreibt meine Frau unter Verwendung besonders schwungvoller Buchstaben auf. Wir beschließen spontan, gegen die Regeln ein wenig zu lauschen. Doch leider dringen keinerlei Geräusche durch die Wand in den Flur. Nächste Position: Neben dem Kinderzimmerfenster, gartenseitig. Tote Hose. Letzte Möglichkeit: Ohren auf den Dachboden legen. Nichts, nur das Murmeln der Mäuse. Wir beschließen, ein wenig zu warten. Als der Doktor und sein Fall dann endlich wieder bei uns in der Küche auftauchen, hält meine Frau ein großes Blatt Papier hoch: „Und?"

„Die Abrechnung geht Ihnen in Bälde zu", sagt Dr. Schneider-Zahn. Dann ist er fort.

„Und nun?" Meine Frau hat ihre Papieranfrage auf die Schnelle um 100 Prozent erweitert.

Marie setzt sich artig an den Küchentisch. „Entspannt euch."

„Erst mal können." Mein Beitrag zum runden Tisch.

„Der Doktor redet was von Irrtum." Sie kichert. „Ich bin gar kein echter Holick."

„Erst mal glauben."

„Kannste ruhig." Marie versucht derweil eine Banane zu essen – quer.

In diesem Moment hat meine Frau ihre Zettelschreiberei und sämtliche Schneider-Zahns der Stadt endgültig satt. „Es reicht! Die Telefonnummer von diesem Herrn – aber pronto!!"

Mit „pronto" kann nur ich gemeint sein, denn Marie zieht den Rückzug vor. Nach 27 Sekunden ist der Doktor am Rohr. „Ja bitte?"

„Nein danke! Marie sagt, Sie haben gesagt, sie sei ein Irrtum! Ich erwarte Aufklärung umfassendster Art!!"

„Gnädige Frau", beginnt Schneider-Zahn. Knapp wie immer.

Um dann ungewohnt kleinlaut fortzufahren: „Meine Talkaholic-Diagnose basierte auf einer Studie aus dem schweizerischen Bern. In ihr sind die täglichen Redemengen von 1.000 Berner Bürgern erfasst. Daran gemessen spricht ihr Kind erheblich zu viel. Leider hat diese Studie einen kleinen Schönheitsfehler, der mir unglücklicherweise erst bewusst wurde, als ich gestern vergleichende Untersuchungsreihen aus Rom erhielt."

„In Bern wird so langsam geredet, dass von jedem Wort der Stuck bröckelt", donnert meine Frau. „Das weiß man doch!"

„Nun, bei den römischen Erhebungen ergaben sich tatsächlich Redemengen, die um ein Hundertfaches über denen von Bern und Umgebung liegen." Schneider-Zahn bricht die Stimme.

„Und was ist mit unserer Tochter?", donnert sie weiter.

„Tja, nach den römischen Daten fällt Ihre Tochter zweifellos in die Kategorie ‚wortkarg'."

Ob Marie das auf sich sitzen lässt?

50 Was ist schöner als schweigend in Erinnerung zu schwelgen?

Tagebuchschreiben: die fieseste Form von Folter. Weil man jeden Morgen hofft, dass heute bloß genug passiert, damit sich das Notieren lohnt.
Meine liebe Frau zählt übrigens zur internationalen Tagebuch-Elite. Sie hat nicht ein, nicht zwei, nicht drei, sondern ständig vier verschiedene Versionen in Arbeit.
In Version I werden die erschreckenden Banalitäten des Haushalts festgehalten. In Version II die wesentlichen Widrigkeiten des Daseins. In Version III die erregenden Momente des Shoppings. Version IV: Da steht nur dann was drin, wenn Marie mal mehrere Stunden lang Milde walten ließ – uns gegenüber.
Natürlich weist Band IV folglich so gut wie keine Eintragungen auf. Und natürlich weiß Marie nichts von seiner Existenz.
„Hier", sagt meine Frau, nachdem sie in der Vorjahresversion plötzlich auf eine Textpassage stößt, „kannst du dich noch daran erinnern?"

„Gewiss, gewiss", antworte ich wie aus der Pistole geschossen. „Am 11. vor 15 Monaten hat Marie fast den ganzen Tag über durchgängig Wohlverhalten gezeigt."
„Stimmt", antwortet meine Gattin und liest dann ihre Notiz Wort für Wort vor: „M. findet Flora gut erzogen, Klausi gut aussehend und den Mittagsnachtisch heute besonders gut gelungen."
„Ein schöner Tag", erinnere ich mich.
„Moment", wirft sie ein, „hier steht noch der vermutliche Grund fürs Wohlverhalten: überraschend schulfrei."
„Trotzdem ein rundum schöner Tag", beharre ich.
Wir schweigen und schwelgen in Erinnerungen.
„War das der letzte Eintrag?", frage ich schließlich.
„In dem Jahr schon."
„Und im Jahr davor?"
Sie kramt in ihrer Tagebücherei, die der direkten Zugriffsmöglichkeiten wegen nach dem Vorbild der Staatsbibliothek strukturiert ist. „Das Jahr davor", murmelt sie, immer wieder leere Doppelseiten überschlagend, „hat insgesamt ...", daumenkino-artiger Schnelldurchlauf, „...vier Eintragungen zu bieten."
„Erstaunlich viel", erfreue ich mich.
„Die erste trägt das Datum 5. Mai."
„Ha! Ich seh's förmlich vor mir: Marie macht ihren Tauchschein!"
„Korrekt."
„Aber hat sie da nicht nur deshalb stundenlang so ergeben geguckt, weil das Wasser ziemlich kalt war und ihr linker Kiefer klemmte, was eine Veränderung des Gesichtsausdrucks schon rein technisch verbot?"
„Ja, ja", nickt meine Frau, „gleichwohl konnten wir die Friedfertigkeit des Tages sehr genießen ..."
Wir schweigen und schwelgen in Erinnerungen.
„Das zweite Highlight findet sich unter dem 17. August", fährt sie nach einer längeren Pause fort.

„Beginn der Sommerferien!" Wussten Sie, dass mein einziges Vermögen mein brillantes Erinnerungsvermögen ist?
„Falsch."
„Falsch?"
„ENDE der Sommerferien!"
Wie jedes Vermögen scheint auch mein Erinnerungsvermögen unter natürlichem Schwund zu leiden.
„Ich habe damals aufgeschrieben: M. freut sich auf die Schule, weil sie Klassensprecherin wird."
„Aber Marie ist KEINE Klassensprecherin geworden!"
„Darum hielt die Milde ja auch nur einen knappen halben Tag an. Die Eintragung endet mit den Worten: M. erwägt eine Wahlbetrugsklage gegen Flora."
„Weil Flora ihr den Klassensprecher-Job mit unlauteren Mitteln weggeschnappt hat!"
„Aus Floras Sicht war die Verlosung einiger Hörgeräte-Sets aus den Beständen ihrer Mutter kein Betrug, sondern Beseitigung von Staubfängern."
Sie finden, dass meine Frau pausenlos Pragmatismus praktiziert? Nun ja.
„Egal", meine ich versöhnlich, „ein halber Tag gelebter Nettigkeit ist ja ein Wert an sich."
Wir schweigen, schon wieder in Erinnerungen schwelgend.
„Gab's in dem Jahr", fällt mir siedendheiß ein, „nicht auch dieses Langzeit-Freundeln, dieses wahnsinnige?"
„Warte." Sie blättert und blättert. Dann zitiert sie leidenschaftslos: „M. freundelt nicht nur beim Aufwachen, sondern ebenso beim Einschlafen – sogar die endlosen Stunden dazwischen werden kompromisslos durchgefreundelt. Hegen ernsthafte Befürchtungen, es könnte sich um einen unbekannten Virus oder traumatischen Schock handeln. Erst im letzten Moment klärt M. uns auf: Ihre Multimega-Milde ist der Beginn einer Reihe von Selbstversuchen im Hinblick auf den nächsten Muttertag."
„Wann war das noch mal?", murmele ich.

„Am 30. Oktober."
„Aber Muttertag ist doch im Frühling."
„Drum blieb es ja auch bei diesem einen Versuch."
„Immerhin."
Wir schweigen und schwelgen in Erinnerungen.
Gerade, als meine Frau die vierte und letzte Eintragung des Vorvorjahres verlesen will, platzt Marie herein.
„Hallo, ihr sitzt da vielleicht süß!"
Ich starre Marie irritiert an.
„Freu mich, dass ich so gut aussehende Eltern hab!"
Nun starre ich meine Frau ungläubig an.
„Immer heiter, immer froh, so was gibt's sonst nirgends wo!"
Ich ergreife Maries Linke und prüfe unauffällig ihren Puls.
Meine Gattin startet automatisch unseren bewährten Mutter-Vater-Standard-Fragenkatalog: „Willst du länger aufbleiben? Willst du mehr Taschengeld? Willst du uns wegen einer Sechs in Mathe einlullen? Was es auch sei: Wir haben nicht vor …"
„… den Zauber dieses Augenblicks zu zerstören!" Marie blickt treuherzig von einem zum anderen. „Drum wolln wir froh und glücklich sein." Kurzer Blick auf die Uhr über dem Fernseher. „Jedenfalls bis nachher."
„Was ist nachher?" Ich kann mir die Frage einfach nicht verkneifen.
„Nachher sind drei Stunden um. Das muss reichen."
„Reichen? Wofür?" Meine liebe Frau wirkt genauso ratlos wie ihr lieber Mann.
„Fürs IVer-Tagebuch dieses Jahr. Das is so leer. Und leer is so traurig."
„Was weißt DU von …?"
„Drei Stunden sind doch schon mehrstündig, oder?"
„Was weißt DU über …?"
„Ab wie viel Eintragungen krieg ich denn 'ne Belohnung?"
Marie hockt brav auf dem Sofa und fügt ihrer heiteren Miene zur Sicherheit noch eine Prise Demut hinzu. Wir schweigen. Das Schwelgen lassen wir fürs Erste.

51 Wenn dies, dann das – nichts als Katastrophen?

Meine Frau besitzt ein dickes Buch mit dem Titel „Die 99 interessantesten Krankheiten und wie man merkt, dass man sie selbst hat." Unter dem Stichwort „WD-Syndrom" steht zu lesen: „Befällt Kinder kurz vor ihrem neunten Geburtstag. Danach tritt zumeist eine jahrzehntelange Pause ein. Bei neuerlichem Aufflackern im hohen Alter zeigt sich die Krankheit variantenreicher. Die Behandlung wird von den Betroffenen im Regelfall abgelehnt, weil sie das WD-Syndrom in ihrer verheerenden Wirkung unterschätzen."
Alles klar? Nein?
Ob Sie's glauben oder nicht: Genau dieses WD-Syndrom, behauptet meine Frau, hat Marie und mich jetzt gleichzeitig erwischt. Marie angeblich zum ersten, mich zum x-ten Mal.

Und sie selbst, behauptet meine Frau weiter, ist die Leidtragende, denn das WD-Syndrom schlägt auf die Ohren – und zwar ihre. Angefangen hat das Ganze so:
„Wenn ich erst mal neun bin, dann geht die Post ab." O-Ton Marie.
„Wenn du darauf spekulierst, dann haste dich aber kräftig geirrt." O-Ton Vater.
„Wenn die Post mit neun NICH abgeht, dann bin ich stinksauer: Was macht so 'n Geburtstag sonst für 'n Sinn?", klagt Marie.
„Wenn du schon wegen derartiger Kleinigkeiten sauer wirst, dann bleib halt acht", weise ich sie zurecht.
„Schluss mit dem Streit", mahnt nun meine Frau streng.
„Und vor allem: Schluss mit den WDs!"
„WDs?", echot Marie.
Ich schweige phleg- bis diplomatisch.
„W wie wenn – D wie dann! Der typische Kausal-Satzbau gestörter Individuen", erklärt uns die Frau des Hauses.
Wie bitte?
Marie reagiert als Erste: „Wenn ich erst mal berühmt bin, dann wirste deswegen weinen, Mami."
„Mach ich", gibt diese ungerührt zurück.
„Wenn du ‚gestört' vielleicht zurücknehmen möchtest, dann unter Umständen jetzt, Birgit", schlage ich begütigend vor.
„Mach ich nicht."
„Warum?", mault Marie, ich maule mit, wobei Maries „Warum" wohl zu schmallippig und mein „Warum?" wohl zu vollmundig gerät, als dass eines von ihnen nachhaltig beeindrucken könnte.
„Herrje, weil das WD-Syndrom echte Katastrophen heraufbeschwört und auf Dauer ganze Adelsgeschlechter ruiniert!", klagt meine Frau. „Denkt doch bloß mal an die Queen."
Wir denken an die Queen, aber leider hilft uns das kein bisschen weiter.
Nervös steckt sich meine Frau ihre Ich-will-nicht-aber-ich-

muss-Zigarette an. „Ist doch ganz einfach: Wenn der Erbprinz schief vom Pferd fällt, dann kann er hinterher auf keinem Thron mehr sitzen."
Na und?
Verzweifelt drückt meine liebe Frau ihre Ich-will-nicht-aber-ich-muss-Zigarette wieder aus und stöhnt: „Wenn der schiefe Erbprinz auf keinem Thron mehr sitzen kann, dann muss da jemand aus dem Volke rauf – Folge: Ruin der Monarchie."
Na und?
„Und schuld seid ihr mit eurem WD-Syndrom!"
Marie schaut betroffen, mich schaudert's vor so viel Schicksalhaftigkeit.
„Wenn du meinst", verspreche ich schwer atmend, „dann werde ich ..., Ehrenwort!"
„Wenn Vater, dann ich auch", nickt Marie tapfer.
„Wenn ihr das schafft, dann koch ich euer Lieblingsessen", frohlockt meine Frau nun.
(Wenn ich's mir recht überlege, dann ist das eine glatte Drohung. Kochen konnte meine liebe Frau nämlich noch nie. Aber Schwamm drüber ...).
„Wenn es perfekt klappen soll, dann brauchen wir natürlich eine gewisse Übergangszeit", fällt mir zum Glück noch rechtzeitig ein.
„Wenn unser Lieblingsessen gut schmeckt, dann dauert die bestimmt weniger lang", kichert Marie.
Wenn mich nicht alles täuscht, dann bestellt meine Frau lieber gleich den Pizza-Service.

52 Ob Ahnen ahnen, wie schwer man mit Nachkommen klarkommt?

Geburtstag (Runde 1):
„Was wünschst du dir, Marie?"
„Nur 'n paar Kleinigkeiten."
„Nämlich?"
„Handy, Computer, Urlaub auf Bali-Bali."
„Du meinst Bora-Bora."
„Türlich auch."
Mehr nicht?

Geburtstag (Runde 2):
„Wer kommt zu deiner Party, Marie?"
„Klausi, weil ich den mal heirate. Dieter-Thomas, weil der mich heiratet, wenn ich von Klausi genug hab. Gottfried, weil

der Schönheitsarzt wird und mich dann umsonst repariert.
Flora, weil die dann neidisch auf mich is wegen Gottfried.
Viola, weil ihr Bruder ..."
„An wie viele Leute denkst du denn so ungefähr?"
„Dreißig, vierzig, fünfzig."
Mehr nicht?

Geburtstag (Runde 3):
„Was soll es denn für die Gäste geben, Marie?"
„Cola, Würstchen, Laugenbrezeln und ..."
„Und?"
„... und so 'n kleines Rahmenprogramm."
„Eierlaufen? Sackhüpfen?"
„Engtanzen."
Mehr nicht?

Geburtstag (Runde 4)
„Wenn's nach unserer Tochter geht, brauchen wir einen Eventmanager, der sich auch ums Catering kümmert", meint meine Frau. „Gib mir bitte mal das Branchenbuch."
„Nein."
„Du kennst so jemanden persönlich?"
„Nein."
„Du willst das alles doch nicht etwa selbst organisieren?"
„Nein."
„Du willst das alles doch nicht etwa GAR NICHT?"
„Ja."
„Dann rede DU mit Marie. Ich besuche in der Zwischenzeit meinen Urgroßvater."
„Du hast doch gar keinen Urgroßvater."
„Ich find schon einen."
Sie packt ihre Zigaretten und ihre Nougat-Notration zusammen und verspricht, sich demnächst wieder zu melden.
Marie telefoniert inzwischen auf allen Leitungen, Handy inklusive.

Ich gehe in die Zelle auf der anderen Straßenseite und rufe sie von dort aus an. Nach circa einer Stunde komme ich durch.
„Mariechen, wir müssen kontakten."
„Tun wir doch grad."
„Ich meine: richtig kontakten."
„Bin so beschäftigt, alle zu meiner Party einzuladen, vor morgen hab ich keine Bohne Zeit, Papilein."
„Gut, morgen. Nach der Schule."
„Werd's versuchn."
Das mit dem Urgroßvater lässt mir keine Ruhe. Besitzt meine Frau etwa doch so einen? Es soll ja Ahnen geben, von denen niemand was ahnt ...

Geburtstag (Runde 5)
„Mariele", sage ich, froh, dass unser Kontakt-Termin mit knapper Not zustande gekommen ist, „du wirst am Wochenende neun Jahre alt."
„Weiß ich doch."
„Mariele", sage ich sanft wie ein frisch geschlüpftes Küken, „das ist ein Kindergeburtstag, keine Prinzessinnenhochzeit."
„Weiß ich doch."
„Mariele", sage ich ruhig wie ein Bär im Winterschlaf, „zu einem ganz normalen Kindergeburtstag gibt es kein Bora-Bora und keine Gäste-Hundertschaften, es sei denn, das Ganze wird von der Getränkeindustrie gesponsert und vom Fernsehen übertragen. Kapiert?"
„Welchen Sender nehmen wir?"
„Mariele", sage ich nun sauer wie ein überpökelter Hering, „was dir da alles vorschwebt, kostet ein Vermögen!"
„Haben wir denn keins?"
„So werden wir auch nie eins kriegen."
„Mama könnt das Nougatnaschen und du könnst das Biertrinken aufgeben." Pragmatisch war Marie schon immer.
„Wir sollen darben, damit dieser Geburtstag alle Dimensionen sprengt?"

„Kinder sind die Zukunft, Papi. Deine Worte."
Ob Ahnen ahnen, wie schwer man manchmal mit Nachkommen klarkommt?

Geburtstag (Runde 6)
„Ich hoffe, es sind bereits erste Durchbrüche im gemeinsamen Dialog zu verzeichnen, Schatz." Meine Frau ruft aus dem Gebirge an, entsprechend hoch klingt ihre Stimme.
„Ich habe Marie den Unterschied zwischen einem Kindergeburtstag und einer Prinzessinnenhochzeit erläutert."
„Fabelhaft. Worin besteht der?"
„Wer?"
„Der Unterschied."
„Im öffentlichen Interesse. Die Getränkeindustrie sponsert, das Fernsehen überträgt."
„Wenn du so gut im Erklären bist: Warum erklärst du unseren Kindergeburtstag nicht ebenfalls zu einer Angelegenheit öffentlichen Interesses?"
In meinem Herzen fighten Küken, Bär und Hering (die von Runde 5) um die Meinungsführerschaft. Weil das dauert, frage ich einstweilen: „Wo genau steckst du?"
„Beim Urgroßvater."
„Du hast doch gar keinen Urgroßvater." Eigentlich hasse ich Wiederholungen.
„Sagt dir der Name Alm-Öhi was?"
„Heidiiii, deine Welt sind die Beeeerge!" Singen konnte ich auch schon mal besser.
„Genau. So ein Heidi-Groß- oder Urgroßvater betreibt hier 'ne Pension für stressgeplagte Familien. Herrlich."
Ich vergesse Küken, Bär und Hering, brülle (ist schließlich ein Ferngespräch): „Du wirst noch von uns hören", in den Hörer und lege Marie rasch ein großes Blatt Papier ins Kinderzimmer, auf dem steht: „Bisherige Pläne canceln! Überraschung folgt! Deine Heidi!"
Meine Ahnen würden stolz auf mich sein.

Geburtstag (Runde 7)
Marie ist ziemlich konsterniert: „Heidi? Kenn ich nich."
„Wenn ich Heidi kenne, dann kennst du die erst recht."
„Meine Freundinnen heißen Flora, Viola, Luisa-Katharina …"
„Deine erste Freundin hieß Heidi. Ich war dabei, als du ihretwegen Tränen …"
„Ich? Tränen? Jemand, der Heidi heißt, kommt dafür gar nich infrage, Papa!"
Papa hakt Tochter ein, schlendert mit ihr Richtung Kinderzimmer, angelt uralte, längst verstaubte Videokassetten aus dem Bücherregal und hält ihr eine davon direkt vor die Nase. Marie liest: „Heidis Rückkehr auf die Alm." Marie stammelt: „Du nimmst mich aufn Arm!"
Daraufhin gucken wir beide, wie Klara im Rollstuhl weint, weil sie nicht mit in die Berge darf. Daraufhin muss Marie ebenfalls weinen.
„DU darfst mit", tröste ich sie.
Daraufhin muss Marie noch mehr weinen.
Im Dunstkreis von Heidi wurde eben schon immer gern und viel geweint.

Geburtstag (Runde 8)
Das Ereignis wird auf Heu und Stroh gefeiert. Bei diesem Alm-Öhi II. Es gibt Heidi-Torte und auch der Geißen-Peter schaut mal kurz vorbei, aber das verraten wir keinem, sonst gibt's zu Hause Ärger mit Klausi, Dieter-Thomas und Gottfried …
„Ich muss euch was sagn", beginnt Marie beim Gutenacht-Kuss.
„Morgen", flehen wir, erschöpft von des Tages Mürbeteig-Torte.
„Heute."
„Nein."
„Doch."
„Aber kurz."

„Gute Eltern", meint sie, „haben sich erstens um ihre Kinder zu kümmern, zweitens nur um ihre Kinder zu kümmern und drittens immer nur um ihre Kinder zu kümmern."
„Das hören wir zum tausendsten Mal.", antworte ich.
„Ihr seid gute Eltern."
„Das hören wir zum ersten Mal", antwortet meine liebe Frau, während sie ihre Arme um den Rest der Familie schlingt und ein paar mütterliche Tränen vergießt.
„Mit neun wirste automatisch klüger", murmelt Marie schlaftrunken. „Das is nämlich die menschliche Entwicklung."
Wir versprechen weitere Entwicklungshilfe. Zur Not auch ohne Ahnen.

© 2009 by Südwest Verlag,
einem Unternehmen der
Verlagsgruppe Random House GmbH,
81673 München.

Die Verwertung der Texte und Bilder,
auch auszugsweise, ist ohne Zustimmung
des Verlags urheberrechtswidrig und strafbar.
Dies gilt auch für Vervielfältigungen,
Übersetzungen, Mikroverfilmung und für
die Verarbeitung mit elektronischen Systemen.

Hinweis: Die Ratschläge/Informationen in
diesem Buch sind von Autoren und Verlag
sorgfältig erwogen und geprüft, dennoch
kann eine Garantie nicht übernommen werden.
Eine Haftung des Autors bzw. des Verlags und
seiner Beauftragten für Personen-, Sach-
und Vermögensschäden ist ausgeschlossen.

Illustrationen und Covermotiv:
papan, München

Projektleitung:
Dr. Harald Kämmerer

Redaktion:
S. C. David, Susanne Schneider, München

Umschlaggestaltung, Layout, Gesamtproducing:
Christian M. Weiß, München

Druck und Bindung:
GGP Media GmbH, Pößneck

Printed in Germany

FSC
Mix
Produktgruppe aus vorbildlich
bewirtschafteten Wäldern und
anderen kontrollierten Herkünften
Zert.-Nr. SGS-COC-1940
www.fsc.org
© 1996 Forest Stewardship Council

Verlagsgruppe Random House FSC-DEU-0100

Das FSC-zertifizierte Papier *Munken Cream*
liefert Arctic Paper, Munkedal

ISBN 978-3-517-08577-7
9817 2635 4453 6271